Buch

Die wahren Gründe für das Aussterben der sauren Heringe –
das ist eine Wegstrecke von 64 Gedichten durch die
Abgründe des Alltags. Begleiten Sie einen uncoolen
Nichtetablierten, einen Sonderling und sich stets aufs neue
wundernden Kindskopf in die Tretmühle wahnwitziger
Normalität.

Autor

Johann Bauer wurde 1958 in Norden, Ostfriesland geboren.
Er lebt in Hannover.

Johann Bauer

Die wahren Gründe für das Aussterben der sauren Heringe

und andere Gedichte

Herstellung: Books on Demand GmbH

ISBN 3-8311-2690-9

Dem Käufer

»So enden unsere Geheimnisse in dem Augenblick, da man
sie an die Luft und in die Öffentlichkeit bringt. Es gibt
vielleicht nichts Schrecklicheres in uns, auf Erden und, wer
weiß, vielleicht im Himmel, als das, was unausgesprochen
bleibt. Man wird nicht eher Ruhe finden, bis ein für allemal
alles gesagt worden ist, dann erst wird Frieden eintreten,
und man wird eher vor dem Schweigen Angst haben. So
wird es kommen.«

LOUIS-FERDINAND CÉLINE, *Reise ans Ende der Nacht*

1000 Dank und mehr an Rüdiger
Auch für Kaffee, Pils und so

Ohne Deine Hilfe wärs Nichts geworden

Inhalt

Idyll

Ich stand mit dem Wagen an der Ampel
irgendwo
zwischen Bremen und Hannover
Wir standen alle da und warteten
daß es grün wurde
eine Schlange von Idioten
die alle irgendwo hin wollten
Ich sah nach links
und da sah ich sie
wie sie an einem Weidezaun
aus verwitterten krummen Pfählen stand
und ein Pony fütterte
Ich nehm´ mal an
sie war so elf, zwölf Jahre alt
hatte die langen blonden Haare
hinten zu einem Zopf gebunden
der in einer mattschwarzen
Kunstoffjacke mit Kapuze verschwand
Unter der Jacke waren zwei Beine sichtbar
die in legginsähnlichen grauen Hosen steckten
die mich an die langen wollenen Unterhosen
meines Vaters erinnerten
und in hellbraunen Wildlederschuhen endeten
die oben am Schaft einen Pelzrand aufwiesen
Der Wind fuhr ihr immer wieder neckend
durch lose Haarsträhnen und wirbelte
sie ihr durchs Gesicht
so daß sie den Kopf hin und wieder zu
mir herdrehte

um sie abzuschütteln
Ich sah dieses junge frische Gesichtchen
die zarten kaum sichtbaren Brauen
die leicht geröteten Wangen
die schmalen Lippen
und die dem Wind wegen zugekniffenen Augen
während wir mit grauen alten Gesichtern
plattgesessenen Ärschen
und wahnsinnigen Gedanken
mit laufendem Motor und Radio
aus dem uns lauter Dämlichkeit entgegenquarkte
an dieser Ampel standen
Sie griff fortwährend in eine weiße Einkaufstasche
auf der seltsamerweise kein Werbeaufdruck zu sehen war
und holte irgendwas Freßbares für das kleine Pferd heraus
das sie ihm auf der flachen kleinen Hand darbot
Jedesmal wenn das Pferdchen fraß
paßte sich ihre Hand dem Maul des Tieres an
so daß es wie aus einem mund- bzw. maulgerechten
Schüsselchen fressen konnte
Manchmal unterbrach sie die Fütterung und
klopfte und streichelte das Tier liebevoll
Ich war sicher sie sprach auch zu ihm
auch wenn ich es nicht hörte
Ihr kleines Fahrrad
dunkelrot und wirkte neu
hatte sie ordentlich am Rand des Radweges abgestellt
Ich sah dies alles wie gesagt während wir
an dieser Ampel standen und warteten
Auto an Auto Blödmann an Blödmann
zehntausend Sorgen und Ängste und Wünsche

jede Menge Wut und Haß und Gleichgültigkeit
verteilt auf eine Anzahl bunter Blechhaufen
mit gepolsterten Sitzen drin
Und dieses Kind stand da und fütterte einen
zotteligen kleinen Gaul
der schon in die Jahre gekommen war
und ich wünschte mir daß mir auch jemand
so liebevoll das Maul stopfen würde
wenns bei mir mal soweit wäre
Die Ampel sprang um und
es ging weiter
Gänge wurden eingelegt
Kupplungen kommen gelassen
Gas gegeben
damit der endlos sich weiterdrehende
sinnlose Trott der Alltäglichkeit
in seine nächst Runde gehen konnte

Frühling

„Den Frühling
mag ich am liebsten,"
sagte sie
„wenn das Grün an
den Büschen und Bäumen
so ganz frisch und neu ist
und alles irgendwie aussieht
wie geputzt."
Und sie zeigte dabei
auf so Gesträuch
links am Wegesrand
und das fette Grün
sprang mich an
krallte sich in
mein Bewußtsein
griente schamlos
und obszön
und verhöhnte mich
mit all seinem Lebenswillen
und seiner
bodenlosen Lebendigkeit
Und sie sah mich an
lächelte mit blitzenden Augen
und schneeweißen Zähnen
und faßte mich zärtlich um die Hüfte
und legte den Kopf mit
der schwarzen Lockenpracht
liebevoll an meine Schulter
und seufzte

Und ich nickte und sagte
„Ja, da ist schon was dran."
Und dann faßte ich sie
um die Schultern und drückte
sie sanft an mich
und dachte
was für ein verdammtes Glück
ich doch hatte
und daß der Frühling
mir gerade
recht kam

Die Socke

Der Abend kam
und wir warteten
Und die Zeit lief zäh wie Honig
durch uns hindurch
und hinterließ eine schmale Blutspur
auf den Wegen unseres Denkens
Er kam nicht
obwohl es straflos später wurde
und wir wollten die Hoffnung
nicht gehen lassen
und nagelten sie an die Wünsche
unserer Seele
Die Vergeblichkeit sah uns lächelnd zu
wie die Mutter dem sinnlosen Treiben der Kinder
Und unsere Herzen kochten derweil
auf kleiner Flamme
aber stetig, und wurden gar
und verwandelten sich in Schwämme
bereit, ein Meer von Tränen aufzunehmen
aber als Ereignis und Gewißheit
im harten Gegenlicht
im Türrahmen erschienen
wurde Alles zu Nichts
und Bodenlosigkeit umgab uns
und ich stellte fest
daß meine linke Socke
am kleinen Zeh
ein Loch hatte

Naiv

„Ich gegen euch drei!"
sagte er und zeigte auf uns
„Kein Boxen, nur Kämpfen!"
Rolf und Jan wollten nicht
aber ich sagte „Okay, dann wir beide!"
aber er schüttelte den Kopf und lachte
„Gegen dich Brillenzwerg is´ witzlos!"
Und ich sprang ihn an, packte ihn
und warf ihn zu Boden, und als ich
ihn dort halten wollte, verplättete er mir
eine Rechts-links-Kombination in die Fresse
und meine Kassenbrille flog mir vom Gesicht
und schlitterte den rotmarmorierten Flurboden
entlang und blieb irgendwo an der Wand liegen
und ich sah ein Feuerwerk wie zum Jahreswechsel
und spürte kühles Blut an meinen Lippen
und fand mich ebenfalls auf dem rotmarmorierten
Flurboden wieder, und mir wurde klar
daß man niemandem trauen kann

Einmal so weit sein

Einmal so weit sein daß
einem das Vergehen der Zeit
kalt läßt

Einmal so weit sein daß
man die Sorgen suchen muß
wie verlegte Autoschlüssel

Einmal so weit sein daß
Geld nur noch Geld ist
und keine Lebensnotwendigkeit

Einmal so weit sein daß
man morgens nicht alleine aufwacht
und die Selbstverständlichkeit
keine Gedanken nötig macht

Einmal so weit sein daß
man sich um andere kümmern kann
wie um die eigene Katze

Einmal so weit sein daß
man die Gedanken eines anderen bewohnt
in unverschämter Totalität

Einmal so weit sein daß
die Zweifel berechtigt sind
und nicht ameisengleich
das Bewußtsein überrennen

Einmal so weit sein daß
Großmütigkeit
nicht aus Angst geboren wird

Einmal so weit sein daß
alles einfach ist wie es ist

Seiner Zeit voraus

Sie waren dabei, Rasierwasser auszusuchen
„Hier, probier das mal"
- psch - psch -
„Ah, ... ne, ... uh! Nee du, nichts für mich ..."
Sie reicht ihm was anderes
- psch - psch -
sieht ihn fragend an
Er schüttelt den Kopf
„Lieber nicht ..."
Sie kräuselt die hübsche hohe Stirn
Reicht ihm ein weiteres Fläschchen
- psch - psch -
„O Gott, das mieft ja wie´n Rucksack toter Mäuse!
Bäähh, ... verdammt!"
Er schüttelt sich, als hätte er das Zeug gesoffen
Sie lacht
Er schnappt sich selber was, so eine kleine Kunststoffpulle
Schraubt umständlich die Kappe ab
und schuppert vorsichtig an der Öffnung
Scheint ihm zu gefallen, er nimmt noch eine Nase voll
„Hier, das ist nicht schlecht!"
Er hält ihr das Ding unter die Nase
und sie schnüffelt skeptisch
Sieht ihn an, als stelle sie erst jetzt fest
daß er keine Nase im Gesicht trägt
„Mein Gott! Das kannste nehmen,
wenn de fün´un´fünfzich bis´!"
Zufällig war es das Zeug, das ich schon
recht lange in Gebrauch hatte

Wenigstens einmal war ich
meiner Zeit voraus

Zehn-neunundzwanzig, gelbblaurot

Sie hat mich gehaßt
Sie muß mich gehaßt haben
Sonst ist ihr Verhalten
nicht erklärbar

Jeden Tag
flog ich raus
Warum?
Die Anlässe
waren immer nichtig
Wie der Liebende
findet der Hassende
immer Gründe
für sein Wollen
Ich hatte gelacht
Harald der mir gegenübersaß
hatte Faxen gemacht
Ich *mußte* lachen
Ich flog raus

Meine schwache Verteidigung
ich hätte lachen *müssen*
über die Faxen von Harald
wurden in einem
Verbalorkan niedergebrüllt

Ich hätte wegsehen sollen
Wie das?
Wenn du nicht lachen darfst

dann *mußt* du lachen
Auch ohne Anlaß
Hier war ein Anlaß

Schlimmer war es
wenn ich in die Ecke mußte
Alle sahen mich
Und tuschelten lachten und
bewarfen mich mit Papierknäuel
oder sonstwas

Ich stand da
Ich begann zu schwitzen
Es juckte mich plötzlich überall
Ich wagte nicht
mich zu kratzen
Meine Beine und Hände
fingen an zu zittern
so daß ich sie nicht mehr
ruhighalten konnte

Ich spürte
wie meine
verhaßte Kunstfaserhose
um meine Knie herum
geradezu vibrierte und
an meine Beine schlug

Ich spürte
wie Schweiß
in kleinen fleißigen Rinnsalen

an Rücken Bauch und
Stirn herunterlief
wie Schmelzwasser in den Bergen
bei einsetzendem Tauwetter

Ich bekam
eine Gänsehaut
Mein Zittern wurde stärker
und stärker wie das
vom berühmten Espenlaub

Ich biß
die kleinen Zähne aufeinander
damit sie nicht
so laut klapperten
und die anderen es hörten
und lachen würden

Einmal mußte ich
nach vorne kommen
wegen irgendwas
und „Fräulein Beck"
forderte alle auf
mich „ordentlich auszulachen"
Alle haben gelacht
Sogar Erwin
der mein bester Freund war

Flog ich raus
so stand ich vor der Tür
Mir genau gegenüber

führte eine Steintreppe
in den ersten Stock
oder vielleicht auch
noch höher
Ich weiß es nicht
Ich bin nie raufgegangen
Sie besaß ein Geländer
aus bunten Eisenstreben
mit einem schwarzen Handlauf
aus Plastik drauf
Ich kenne die Anzahl der Stufen
bis zum ersten Absatz
die Anzahl der Streben
bis zur ersten Biegung
und ihren Farbenwechsel
bis zur ersten Biegung
heute noch
Zehn-neunundzwanzig, gelbblaurot

Oft wenn ich dort stand
und die Angst
übermächtig zu werden drohte
sprach ich leise
sehr leise
vor mich hin
„zehn-neunundzwanzig, gelbblaurot;
zehn-neunundzwanzig, gelbblaurot;
zehn-neunundzwanzig, gelbblaurot;
..."
Wie einer dieser
tibetanischen Mönchstypen

bei seiner Meditation
„Om-om-om ...“
Oder wie
ein Verrückter

Einmal stand ich dort
Ein Junge aus einer höheren Klasse
kam vorbei
Er sah mich
„Na, rausgeflogen?“
Ich nickte
„Warum hauste nich´ ab?
Dann scheißt die Alte
sich in die Hosen!“
Er lächelte
mich mitleidig an
und ging dann die Treppe
mit den zehn Stufen
bis zum ersten Absatz
den neunundzwanzig Stäben
im Wechsel gelbblaurot
bis zur ersten Biegung
hinauf nach oben

Ich blieb
vor der Tür
Ich hätte
mich nie getraut wegzulaufen
Wohin denn?
Nach Hause?
Dann hätte ich alles

erzählen müssen
Ich schämte mich
und hatte Angst
meine Mutter würde
mich zurückschicken
Ich traute ihr das
ohne weiteres zu

Ich erzählte
nie von meiner Hölle
Ich verlor
kein Wort über mein Martyrium
Die Taten der Erwachsenen
sind den Kindern
in ihrer Lächerlichkeit
und Sinnlosigkeit
und Bösartigkeit
noch nicht bewußt
Ich glaubte
an die absolute Unfehlbarkeit
der Reden und der Handlungen
von Erwachsenen
Meine Eltern
hatten mir das eingebleut
Zweifel waren mir unmöglich

Ich stand da
und wartete
wieder reingeholt zu werden
Ich haßte
das „Fräulein Beck" nicht

Sie war eine Erwachsene
Was sie tat
mußte richtig sein
auch wenn ich es
weder begriff noch verstand
Ich haßte sie nicht
weil zum Haß
wenigstens eine kleine
Portion Selbstbewußsein gehört

Ich hatte
überhaupt kein Selbst
Ich war eine
diffuse amorphe Masse
nur aus Angst bestehend
Angst und Ich
das war identisch
Kein Platz mehr
für Haß

Ich wollte
nur entkommen
Ihrem Blick
Ihren strengen harten Augen
hinter gnadenlosen Brillengläsern

Ich wollte
mich nur verstecken
wie ein kleiner Hase
bei einer Treibjagd
der wirr herumrennt

und sinnlos Haken schlägt
weil er von dem
was um ihn herum geschieht
nichts versteht
Mein Traum war
unsichtbar zu sein
Aufhören zu sein
Nichts zu sein
Ich wäre fort
Die Angst wäre fort

Ich stand
da draußen
auf dem Flur
ganz allein
Ein kleiner Hase
von sechs Jahren
Die Sonne schien falsch
rechts ins große
bis zum Boden reichende
Fenster herein
Links führten zwei schwere
rotbraun gestrichene
mit kleinen Glasfenstern versehene
schwere Schwingtüren aus dickem Holz
auf den Schulplatz hinaus
wie Knasttüren
zum Hofgang

Ich konnte
den mit gelbbraunen Fliesen

ausgelegten Weg
zu den Toiletten sehen
Manchmal mußte ich
aber ich traute mich nie
hinzugehen
Man hörte nichts
Es war ganz still
Nur gedämpft klangen
Lachen und Reden
aus unserem Klassenraum
Ich lugte vorsichtig
durchs Schlüsselloch
und sah
Peter und Ingrid
mit der Holzeisenbahn spielen

Ich stellte mich
schnell wieder vor die Tür
und sah mir
meine vertraute Treppe
mit den zehn Stufen
bis zum ersten Absatz
den neunundzwanzig Stäben
im Wechsel gelbblaurot
bis zur ersten Biegung
und dem schwarzen Handlauf
aus Plastik an
Die Treppe war
mein Freund geworden
Sie hatte für mich
eine richtige Persönlichkeit

Sie harrte mit mir aus
auf diesem Flur
auf dem ich
meine Strafe verbüßte

Ich wußte
daß sie Mitleid
mit mir hatte
Als einziges Wesen
auf dieser Welt
Das tröstete mich ein wenig
Ich war schuldig
aber sie hatte trotzdem
Mitleid mit mir
Das war mir neu
Das kannte ich gar nicht
Vielleicht
dachte ich
ist das eine besondere Eigenschaft
von Treppen
Mitleid mit denen zu haben
die schuldig sind

Trotz allem
war ich allein
Ich würde immer allein sein
Aber das wußte ich
da noch nicht

Wenn ich groß bin
dachte ich
erzähl´ ich alles Mama

Verspätete Wunscherfüllung

Ich gehe durch die Stadt
Es ist ein ziemlich warmer Sommertag
Schwüles Wetter, wird wohl nachher
Gewitter geben
Ich gehe durch diese breite Fußgängerpassage
Kaufhäuser und Geschäfte zu beiden Seiten
Es ist zugig hier, ein warmer lauer Wind
fegt spielerisch um uns herum
Vor mir zwei junge Frauen mit Kinderwagen
wahrscheinlich Freundinnen, sie unterhalten sich
Der verspielte Wind
faßt plötzlich unter das luftige Sommerkleid der einen
und wirbelt es auf
Ich schaue und traue meinen Augen nicht
Ich sehe einen nackten blanken Arsch
und weiter nichts
Teufel, sie hat nichts drunter
Der Wind läßt den Vorhang fallen
als wollte er sagen »Na, genug gesehen?«
Dann hebt er ihn wieder, länger als vorher
ich höre ihn lachen zwischen den Häuserzeilen
in den schmalen Seitenstraßen
Tatsächlich, kaum zu fassen
ein komplett nackter Arsch
Kein Meisterstück, hängt schon ein wenig
aber immerhin ein nackter Weiberarsch
Ich bin einmal zur rechten Zeit am rechten Ort
Ich will mehr sehen, bin zu weit weg

Ein alter grauhaariger Knacker hats auch mitbekommen
Kaum zu glauben, wie ihm der nackte Arsch
in die morschen Knochen gefahren ist
Er schießt quer in meine Bahn, und ich laufe ihn fast um
Ich will ihn überholen, um näher
an diesen Arsch ranzukommen
und überlege, was sie sich wohl dabei gedacht haben mag
als sie sich entschloß, heute keinen Slip anzuziehen
Nebenbei bemerke ich rechts von mir den BEATE UHSE-Shop
Na, paßt ja alles prima zusammen

Ich fühle mich plötzlich am Ärmel gepackt. Es ist der Alte
Er reißt daran herum, als wolle er mich wachrütteln
„Hehe, schau´ dir das an! Ein nackter Arsch!
Nichts drunter!
Sieh´ hin, Mann! Kuck dir das an! Verdammt Mann!
Ein nackter Arsch! Sieh hin, da - da!"
Was er da macht, ist völlig überflüssig
schließlich bin ich nicht blind

Wieder zeigt uns Freund Wind
dieses prachtvolle nackte Gesäß
Seine Besitzerin scheints nicht zu stören
Oder sie merkt es gar nicht
Jedenfalls kümmert sie sich nicht drum
Vielleicht hat sie ja auch ihren Spaß daran
Wer weiß

Die Passage ist zu Ende
und mündet in einen weitläufigen Platz
mit allerlei Ständen von fliegenden Händlern

Unser Wind hat die Lust am nackten Arsch verloren
und tollt wieder in der Passage herum
Das Sommerkleid bedeckt wieder
von dem wir wissen, wie´s aussieht
Die beiden mit ihren Kinderwagen gehen
in ein Kaufhaus
und ich nichts wie hinterher
Ich weiß nichtmal genau, warum
Da drinnen regt sich kein Lüftchen
keinerlei Aussicht auf den nackten Arsch
Was will ich also?
Ich folge ihnen ins Kaufhaus und drehe mich kurz um
Der Alte ist auch schon da
Ich sehe, wie sie mit den Kinderwagen zum Lift gehen
Sie fahren ins Untergeschoß
Ich nehme die Treppe
Sie sind schon da und sehen sich verschiedene Pötte an
Ich arbeite mich langsam ran
und zeige nach außen hin
ein bemerkenswertes Interesse an Bratpfannen
Nachdem ich ihren Arsch schon kennengelernt habe
sehe ich jetzt zum erstenmal das Gesicht vom Sommerkleid
Hübsch, wenn auch nicht herausragend; ganz der Arsch
Ich sehe mich um; der Alte ist nirgends zu entdecken
hat scheinbar den Anschluß verpaßt

Die beiden gehen wieder zum Lift
fahren wieder rauf ins Erdgeschoß
Ich begebe mich ebenfalls nach oben
Dort finde ich sie jedoch nicht

Ich schaue mich noch ein wenig um
aber es gibt nichts mehr zu sehen
Ich gehe. Ich wüßte nicht
was ich hier weiter zu suchen hätte

Der Traum jeden Mannes
Mein Kindertraum
hat sich erfüllt
40 Jahre mußte ich erst werden
Aber besser spät als gar nicht

Sintflut

Eine Träne
läuft am Fenster herab
Und dann noch eine
Eine weitere
Mehr und mehr kommen hinzu
Und dann weint sich der Himmel erneut aus
über unser hirnrissiges Treiben hier unten
Ist wohl gewöhnungsbedürftig
Er schaut uns schon so lange zu
aber gewöhnen wird er sich nie dran
Am Horizont hellts sich wieder auf
Der nächste Regen
kommt bestimmt
Vielleicht
ist es dann
die längst fällige
Sintflut

Nichtige Begebenheit in Lüneburg

Ich kam in den Laden rein und sah
daß nicht mehr viel da war
War ja auch schon spät
Ein paar Kanten Brot
lagen noch hinter dem Glastresen
Die letzten Spieler auf dem Platz
nachdem alle anderen schon gegangen waren
verlorene Jungs, die keiner mehr wollte
„Der Rest vom Schützenfest! Leider!"
sagte die nette Verkäuferin
mit den rosigen Wangen und
zurückgesteckten Haaren
und lächelte mich mitleidig an
Ich ließ mir den einen Jungen
in Scheiben schneiden
und sie packte mir noch als Zugabe
zwei Kappen obendrauf
die aussahen, als würden sie sich
in jedem Fundament bestens bewähren
Ich ließ mir noch
zwei traurige Himbeerstückchen geben
bezahlte, und dann nichts wie raus
aus Lüneburg

Alltag

der alltägliche terror des notwendigen
das ewige wieder und wieder
des nichtwichtigen wichtigen
die endlosmetamorphose des banalen
das verpuffen all dieses und jenes ins absolute nichts
das kreisen der gedanken um lebenssplitter
die nie ein sinnmosaik ergeben
das tagtägliche abarbeiten des stupidlebens
das ziehen und schieben und stampfen und heben
fließen und schlagen sinnleerer biomotorik
das kaufen und weg und wieder kaufen
das hintersichlassen und vergessen
und das alles das nichts ist
nichts wird und nichts bleibt und ewig sich dreht
und niemals verweilt und nur im tod bewußtlos endet
und kein ende finden kann

Die Sache mit den Gummis

Wir waren zu dritt
Peter Klaus-Dieter und ich
Wir waren in dem Alter
in dem es nur ein Thema gibt
den Geschlechtsverkehr und alles
was damit zusammenhängt
Wir sprachen vom
„Bumsen" oder häufiger
vom „Ficken" wobei
wir das Wort aussprachen
wie man einen Rotzfladen ausspuckt
Wir feixten und grinsten und
hatten das Gefühl
großartig verdorben und mies zu sein
Frauen oder Mädchen
waren bei uns nur „Alte"
deren Hauptmerkmale
„Titten" und „Fotze" waren
„He, kuck dir die Alte an!
Die reinsten Fußballtitten!"
„Verflucht, die Nippel!
Steif wie mein Schwanz!"
„Die is´ bestimmt schon feucht!"
„Feucht? Idiot!
Der´n Fotze is´ schon
der reinste Wasserfall, Mann!"
So ging das
Keiner von uns hatte jemals
was mit einer Frau gehabt

ich konnte noch mithalten
aber wir taten
als hätten wir jeden zweiten Tag
eine andere in der Mangel
„Nächste Woche fick´ ich Heidi, ich sag´s euch!"
„Spinner! Die steckt sich lieber ´n Besenstiel rein!"
„Klar! Von deinem abgebrochenen Kackbolzen
hat die eh´ nichts!"
„Wetten? Ich hol´ mir schon mal Gummis!"
„Vergiß die Gummibänder nicht!"
„Oder pack´ deine Eier noch mit rein!"

Am Ende der Straße
stand ein Geschäft für Anglerbedarf
und allem möglichen anderen Kram
Vorne neben der Eingangstür
hing ein Zigarettenautomat
verschämt an der Seitenmauer
in einem schmalen Durchgang
zum Hof der für die Präservative
Es war abends kurz nach acht
wir trafen uns komischerweise
immer erst abends
Es war schon fast dunkel
Wir sahen uns trotzdem
nach allen Seiten um
bevor wir im Durchgang verschwanden
Klaus-Dieter warf zwei Mark rein und holte
Blausiegel naturfeucht raus
Fünf Stück waren drin
„Ich müßte mindestens zwei Packungen haben!"

„Angeber!"
Wir verschwanden mit dem Kauf
auf den angrenzenden Kinderspielplatz
das Gefühl eine große Beute gemacht zu haben
„Zeig´ mal her!"
„Mach´ mal eins auf!"
„Ja! Mach´ mal eins auf!"
„Uhhä! Fühlt sich ja ekelhaft an!"
„Laß mal sehn!"
„Hm! Glibbrig ... Wie´n eingeölter Schwanz"
„Du mußt´s ja wissen!"
„Also: Klausis is´ so dick wie mein kleiner Finger ...
Eh´, Klausi, das wird nichts.
Damit verstopftste höchstens ihr Loch ...
Und dann kann ´se nich mehr pissen"
„Klar! Und dann kommt´s ihr aus´n Ohren raus!"

Der ausgepackte Gummi
wurde von uns
allerlei Härtetests unterzogen
Peter steckte seine ganze Faust rein
und zog das Ding den Unterarm rauf
„Naja, für mein´n würd´s knapp werden ..."
„Har-har-har!"
Ich blies das Ding zu guter Letzt auf
machte einen Knoten drauf
und wir versuchten eine Zeitlang
damit Fußball zu spielen
Irgendwann entdeckten wir
den roten VW-Käfer (VW 1300)
des Hausmeisters

vom zugehörigen Kindergarten
Der Wagen hatte hinten
diesen modelltypischen Auspuff
mit zwei verchromten Endrohren
„He, seht euch das an!
Da tropft Wasser raus!"
„Blödsinn! Das is´ Wichse!
Der hat da reingewichst! Das macht der immer!"
„Stell´ dir vor, du hätt´st ´n verchromten Schwanz ..."
Klaus-Dieter nahm einen weiteren Gummi aus der Packung
und stülpte ihn fachmännisch
über das eine Auspuffrohr.
„Und was is´ mit dem andern?"
Er nahm ein weiteres und versorgte auch das
„Sehr schön! Mach´ zur Sicherheit noch zwei drauf!"
„Dann hab´ ich keins mehr für den Fick mit Heidi ..."
„Na und? Das wird doch eh´ nichts!"
„Und was passiert jetzt?"
„Weiß nich´; die Dinger pumpen sich auf
und fliegen ihm um die Ohren"
„Der brettert vor Schreck in den nächsten Vorgarten!"
„Oder gleich hier durch die Wand!"
„Klar! Der kriegt ´n Schock fürs Leben!"
„Hm ...!"
Wir standen da und besahen unser Werk
wie Künstler ihre Skulptur
oder Terroristen ihre Zeitbombe
Ich bin mir sicher
jeder überlegte für sich
ob was Ernsthaftes passieren könnte
aber keiner von uns

wollte vor den anderen
diese Gedanken wahrhaben
Wir waren schließlich verdorbene Kerle
wie JAMES CAGNEY sie spielte
oder sonstwer

Drei Tage später
wurde der Hausmeister
der übrigens Ralsberg hieß
Ernst Ralsberg
in die städtische Psychiatrie eingeliefert
Er war mit einem Fünf-Kilo-Vorschlaghammer
im Kindergarten aufgetaucht
hatte die Erzieherinnen
die damals noch Kindergärtnerinnen hießen
und die Kinder
sehr freundlich begrüßt
und hatte dann angefangen
Tafel Mobiliar Schränke Fenster
und was es da sonst noch gegeben haben mag
mit seinem Hammer zu bearbeiten
Die Bullen waren gekommen
und zwei von ihnen
verpaßte er einen zweiwöchigen Krankenhausaufenthalt
bevor sie ihn bändigen konnten

Als wir das alles mitgekriegt hatten
stellten wir sofort eine Kausalbeziehung her
zwischen unserem Anschlag
und dem sonderbaren Verhalten des Hausmeisters
„Die Gase sind's gewesen.

Sein Gehirn hat zu wenig Sauerstoff gekriegt.
Da sind Zellen krepiert und
die Scheiße ist ihm durchgegangen."
„Quatsch! Die Dinger sind doch abgeflogen!
Der hat ´n Schock gekriegt und dann
is´ ihm irgendwie was durchgebrannt oder so ..."
„Der hatte schon immer ´n Knall, hat mein Alter gesagt ..."

So machten wir uns
unsere Gedanken
jeder für sich
und zusammen
Wir wußten einfach noch nicht
daß der ganz normale Alltag
das tägliche Leben
Job Frau Kinder Familie
Männer in den Wahnsinn
treiben kann
So naiv
waren wir
damals

Der Fruchtfliegenkiller

Eine Fruchtfliege
Kaum zu sehen. Ganz harmlos
Ich kille sie trotzdem
und verreibe ihre sterblichen Überreste
in die Tischdecke
Sieht nicht schön aus
Fällt aber kaum auf
Was man so macht!
Hauptsache
Man wird nicht gefragt

Stille Übereinkunft

Der Sommer war keiner
aber mich hats nicht gestört
Trübe Tage und Regen jederzeit
So sahs aus
So sahs aus in mir
Ich konnte eins sein mit der Welt
und fühlte mich verstanden
wenn ich auch nicht sagen konnte von wem
Ich ging raus und lief rum
und es nieselte und wurde stärker
so daß die Tropfen an Ärmel und Stirn
Rinnsale zogen

Und es peitschte hinter meiner Stirn
und es pitschte unter meinen Sohlen
bei jedem Schritt
Und die Leute hatten die Köpfe
in Regenhauben und Mützen vergraben
oder unter Schirmen versteckt
so daß man ihre Gesichter nicht sehen konnte
und dieser Umstand machte mich fast glücklich

Überhaupt entvölkerte dieser Sommer die Welt
und am Fluß wars einsam wie nie
zu dieser Jahreszeit
Und er kam groß raus
ließ seine Muskeln spielen und
trat hin und wieder über seine Ufer
so als wolle er uns zeigen

wer hier wirklich das Sagen hat
Und ich lächelte ihm zu
und er zwinkerte zurück
und ich wußte
wir verstanden uns

Er stand in der Fußgängerzone
wie angewachsen
Und er wirkte so farblos und grau
als hätte der Regen dieses Jahres
alle Farbe und jede Lebendigkeit
von ihm gewaschen

Er trug einen gräulichbraunen Bart
dessen seitliche Begrenzungslinien
mit den zwei Zeitfurchen, die sich
von den Nasenflügeln abwärts
gegraben hatten, zusammenfielen
und eine Baseballkappe mit
dem Schriftzug ASPHALT vorne drauf

Die Augen lagen wie zu erahnende Perlen
in samtschwarze Hautnester
Die Schwerkraft
zog an jeder Faser seines Körpers
und das Leben
preßte auf jeden Quadratmillimeter
seines Seins
daß man verwundert war
ihn nicht langsam im Boden
versinken zu sehen

So stand er da
in einem Eisblock aus Raum und Zeit

und man sah ihn nur verschwommen
durch die Schichten hindurch

Die fremde Kälte seines Schicksals
umwehte mich
drang in mein Herz
und ließ jede Menge Eisblumen
dunkler Ahnungen erblühen

Ich kramte in meinen Taschen
und ging auf ihn zu und
der Eispanzer zerbarst
in Lautlosigkeit
und ein schwaches Lächeln
auf seinem Gesicht
zeugte Lebendigkeit

Und er gab mir eine Zeitung
und ich zahlte für drei
und eine Stimme
wünschte mir einen guten Tag

Und auf meiner Netzhaut
zerfiel sein Bild
wie ein Mosaik

Nur in meinem Herzen
hielten sich die Eisblumen
noch eine ganze Weile

Pausengedanken in der Cafeteria

Ich saß in dieser Cafeteria
in der Landesbibliothek
Ein paar Leute waren da
Wir saßen auf grünen Stühlen an grünen Tischen
und tranken Kaffee aus dem Automaten
oder aus mitgebrachten Thermosflaschen
Manche kauten an diversen Stullen herum und
andere lasen in den dort ausliegenden Zeitungen
Wir saßen einsam
an den Tischen verteilt
Nur an einem Tisch saß ein Typ
mit einer Frau zusammen
die lange schwarze Haare trug
und sie unterhielten sich leise
In der immens hohen nackten Betondecke
waren ein paar von diesen
Halogenfunzeln eingelassen die
für eine spärliche Beleuchtung sorgten

Die Cafeteria war sehr klein
was an sich noch nichts Schlechtes bedeutet
Sie war in eine verwinkelte Nische
des Gebäudes gezeugt worden
in die sich auch bei großartigstem Kaiserwetter
kein Sonnenstrahl verirren würde
Dafür wars dort immer zugig
Auch wenn man drinnen nicht viel davon spürte
fröstelte einem dort ständig

Auf den nackten Betonwänden sah man
das Negativ der Holzmaserungen der Verschalung
Sie wirkten bedrohlich und erdrückend
Nichts für Leute mit Klaustrophobie
Ich sah mich um und kam mir vor
wie ein Element in einem Werk EDWARD HOPPERS
Ich trank meinen Kaffee für DM 0,90 aus
und ging wieder an meine Arbeit

Die Freundin des Boxers

Ein Vetter
der mir hin und wieder
Nachhilfe gab
in Mathe und Englisch
was mich aber
nicht rettete
verlor
ein paar Zähne
Er konnte
einem Mitglied des
kleinstädtischen Boxvereins
nicht sagen
wie spät es ist
Er hatte keine Uhr dabei
Dessen Freundin
stand da und
konnte sich schier
nicht wieder einkriegen
vor Lachen
als Blut und Zähne
meines Vetters
vor ihr
auf dem Bürgersteig
lagen
wie ein paar
verlorene Münzen

„Schön!"

Da war diese Moderatorin
Und WOLF WONDRATSCHEK las eines seiner Gedichte
Oder nur einen Abschnitt daraus
Keine Ahnung
Irgendwas mit einer Frau, die sich das *Rouge*
bis zu den Ohren auf die Wangen aufgetragen hatte
und zwar in einer Art, als gedachte sie
»den Duft und nicht die Farbe des Pfirsichs anzulegen«
Jedenfalls irgend so einen Scheiß
Und diese Moderatorin hörte sich das an
und sagte dann „Schön!"
So mit einem Lächeln, bei dem einem bewußt wird
daß Nervenreize elektrochemischer Natur sind
Und WOLF WONDRATSCHEK sagte, daß er´s auch
»schön« fände
und man merkte, daß ihm die Moderatorenfrau
auf den Senkel ging
und mir ging sie auch auf den Senkel und dann
machte ich die Glotze aus, weil Fernsehen mir
immer auf den Senkel geht

Nacht

- für Grita

Du liegst in meinem Arm
Deine langen welligen Haare
kitzeln meine Brust
Nie war ein Mensch mir so nahe
Meine Hand
die über deine Stirn und Wange streicht
zittert leicht
als könnte sie es noch nicht fassen
Ich bin mir sicher
heute nacht kann es keinen Menschen geben
der glücklicher ist als ich
Das Leben lohnt sich
allein für diesen Augenblick
Ich will nie wieder
böse Worte sagen
Ich werde niemals mehr
traurig sein
Ich bin unbesiegbar
Du lächelst leicht
hältst die Augen geschlossen
und im Zwielicht des Zimmers
ahne ich mehr die dichten dunklen Wimpern
als daß ich sie sehe
Du drängst dich noch ein wenig näher
und eine Woge der Erregung
läuft durch Seele und Körper
gleich den Wellen am Strand

Nie war die Welt mir ferner
nie Elend und Leid
Krieg und Tod
Verzweiflung und Not
mir unbegreiflicher
als jetzt
und nie hat mich das alles
weniger berührt
als in diesem Augenblick
Und ich spüre deinen Leib
seine Wärme und seine Lebendigkeit
weiß dich ganz sicher bei mir
und sehe und fasse und fühle
wie um mich zu vergewissern
daß ich nicht träume
Und ich beginne zu ahnen
daß der ganze scheißige Kitsch
diese blöden Schlager
diese dämlichen Gedichte
voll von zuckersüßem Gesülz und Geschmier
daß einem sich der Magen umdreht
und die ich verabscheue
wie diesen billigen italienischen Sekt
tatsächlich etwas Wahres haben
und wenn ihr es tausendmal verkitscht findet
eben das
was man Liebe nennen kann

Kein Einkauf

Der Typ
im JEAN-PASCALE-Laden
an der Kasse trug ein Käppi
So eine Baseballkappe
Er hatte außerdem
dünne blonde Koteletten
die aussahen
wie drei Tage altes Sauerkraut
Er legte Hemden zusammen
und machte das ganz gut
Soweit ich das überhaupt
beurteilen kann
Ich sah ihm dabei zu und wußte
daß ich verloren war
daß die Welt verloren war
daß alles den Bach runterging
Ich ging wieder raus
Ich kaufte nichts
Es fing an zu regnen
In der Ferne grollte
ein Gewitter

Paradigmenwechsel

Ich ging aufs Schiff
das mich zur Insel bringen sollte
mit all den anderen
Ich ließ meinen kleinen Handkarren
mit Werkzeug und Material
im eisenbeschlagenen Vorraum
unter Deck zurück
und setzte mich ins Bordrestaurant
um einen Kaffee zu trinken
Eine von den Kellnerinnen
hatte einen tollen Hintern
über den sich das schwarze Tuch
ihres Rocks liebevoll spannte
wie samtene Haut
Ein bißchen weiter draußen
gabs ganz ordentlich Wellengang
und die Fähre begann ihren wiegenden Tanz
Und eine Kleine meinte zu ihrer Mutter
„Das macht der extra, damit uns schlecht wird"
Zwar wußte ich nicht genau, wen sie meinte
aber ich fand die Annahme interessant
Unter diesem Aspekt
hatte ich die Sache
noch nie gesehen

Ein Tag

Da sitz ich nun
am Ende eines Tages
Ein Tag wie jeder andere
nichts passiert, nichts geschehen
Ich hätte ein paar
dringende Anrufe tätigen müssen
Ich hasse telefonieren
Also hab´ ich´s gelassen
Warm war´s heute, richtig heiß
Vom Fenster aus sah ich
die Leute am Kanal
wie sie dort auf Tüchern liegen
oder bis zu den Hüften
sich ins grünliche Wasser vorwagen
Muß wohl noch kalt sein, das Wasser
Ich bin den ganzen Tag
nicht aus der Wohnung
Saß wie gelähmt am Tisch
und habe etliche Flaschen Bier geleert
Ich habe die Leute am Kanal beobachtet
Männer und Frauen und Kinder
wie sie dort auf Tüchern liegen
die Beine ins Wasser baumeln lassen
irgendwas lesen, sich unterhalten
oder sonstwas machen
Ich habe etliche Flaschen Bier geleert
und bin nicht mehr ganz sicher auf den Beinen
Die Liste meiner Versäumnisse
läuft vor mir ab wie ein schlechter Film

Die Versäumnisse des heutigen Tages
werden die Versäumnisse
des morgigen Tages sein
Ich trinke kein weiteres Bier
es ist keins mehr da
Wie eine ungeordnete Menge Uniformierter
stehen sie vor mir auf dem Tisch
als erwarteten sie etwas
Ich denke an die Leute vom Kanal
die auf Tüchern lagen
und jetzt alle schon zu Hause sind
Sie sagen sich und anderen
daß es ein schöner Tag war
waschen die Tücher und Badeklamotten aus
und hängen sie mit einem Lächeln irgendwo auf
Der Kiosk ist bestimmt noch besetzt
Ich könnte die Uniformierten zusammenpacken
und ein paar neue besorgen
Doch selbst dazu reicht es nicht mehr
Ich schreibe euch dieses Gedicht
und werde dann versuchen
meinen Rausch auszuschlafen
Morgen muß ich ein paar
dringende Anrufe tätigen
...

Morgenandacht

Wir lagen im Bett
und hörten die Morgenandacht
im WDR
Der Radiowecker hatte sich
wie bestellt eingeschaltet
Irgendein Pfaffe
erzählte *Bullshit*
über das Vaterunser
Wir fanden die Predigt miserabel
und schoben noch
eine Nummer
bevor der Tag
uns endgültig fertigmachte

LIBERTY VALANCE war Konditor

>>Ach, das ist nicht der Rede wert! Das tun wir gern
für den Mann, der Liberty Valance erschossen hat.<<
(Der Mann, der Liberty Valance erschoß)

Ich komme mir vor wie TOM DONIPHON
Nur daß ich nicht LIBERTY VALANCE erschoß
Sondern er mich
Und er war Konditor
Und er traf mich mit einer Cocktailkirsche
ins Herz
Und ich starb
in keines Menschen Armen
so süß
an Überzuckerung

Tief im Anzug

Der Kerl in den Nachrichten
versprach jede Menge
Niederschläge
Ich war drauf gefaßt
Es machte mir nichts mehr
Ich hatte mein Leben lang
nur Niederschläge erlebt
Irgendwann
legst du dir eine Haut zu
dicker und dichter und fester
als jeder Regenmantel
Und die Katastrophen des Lebens
die kleinen und die weniger kleinen und
manchmal auch die großen
perlen an dir ab
laufen deine Seele runter
wie Regentropfen
eine Öljacke

Daß manchmal auch
Tränen dabei sind
weißt nur du
Die anderen sehen
keinen Unterschied

Und du wirst dich hüten
auch nur einen Mucks
zu machen

**Die wahren Gründe für das Aussterben
der sauren Heringe**

Ich weiß noch
als Oma starb
Das war 1970
und ich war 12

Ich war wahnsinnig
in Doris verliebt
die ich nie bekam
und rubbelte mir
schon hin und wieder mal
einen ab
und machte mir ernsthafte Sorgen
über meine ausbleibende Sackbehaarung

Tagsüber rannte ich
in alle möglichen Geschäfte
um jungen hübschen Verkäuferinnen
unter die kurzen Röcke zu glotzen
worin ich es zu einsamer
Meisterschaft brachte

Abends lag ich im Bett
und las PERRY RHODAN
und anderen Schund

Oma wohnte oben bei uns im Haus
Sie hatte eine langwierige schlimme Krankheit
die an ihr fraß und nagte

wie so ein blöder Köter an seinem Knochen
und die ihr dann auch den Rest gegeben hat
Ich habe nie erfahren
was es für eine Krankheit war
Es hat mich auch nie sonderlich interessiert
Damals nicht und heute nicht

Ich mochte Oma nicht besonders
Und viel hatte sie wohl auch nicht
für mich übrig
Sie war eine verbitterte alte Frau
immer darauf bedacht
anderen das Leben zur Hölle zu machen
meist ihrer Tochter
Meiner Mutter

Über mich äußerte sie ihr gegenüber
einmal folgende Hypothese
„Der wird sowieso ein Verbrecher!"
Die gute liebe Oma Antje
Ihre Hypothese konnte man bisher
nicht einwandfrei verifizieren
Aber was nicht ist
kann ja noch werden

Sie war eine der Frauen
von denen man sich beim besten Willen
und unter Aufbietung aller Einbildungskraft
nicht vorstellen kann
daß sie jemals jung gewesen sind
Sie sind als uralte verhutzelte Omas

zur Welt gekommen und so
danken sie auch wieder ab

Als sie tot war
bekam ich das ganze medizinische Instrumentarium
das in ihrem Zimmer herumlag
und in dem es noch jahrelang
nach Siechtum und süßlichem Tod roch
so daß man Angst bekam
dort selbst einzugehen

Kleine Spritzen aus Glas
kleine Spritzen aus Plastik
weiße Becherchen und Schalen
Meßgläser und Einmallöffel
und massenhaft braune grüne und weiße Arzneiflaschen
sowie zwei riesengroße Glasspritzen
Schon damals beschäftigte mich die Frage
was um gotteswillen sie ihr mit diesen
King-size-Rekordspritzen reingepumpt
oder abgesogen haben mögen
Was immer man damit abgesaugt hatte
viel konnte nicht zurückgeblieben sein
da war ich mir sicher

Ich gab eine Klaus-Dieter
und wir füllten sie immer wieder mit Wasser
und gingen an den Gartenzaun und bespritzten
die Mädchen die vorbeifuhren
und hatten schon ganz schön schweinische
Gedanken dabei

Sie war tot
und meine Mutter fand sie
und rannte die Treppe runter
und ich hörte sie rufen
„O Gott, se is doot! Mode is doot!"[*]
Ich stand im Schlafzimmer meiner Eltern
vor dem riesigen Frisierspiegel
die Hosen runtergelassen
und beäugte mal wieder äußerst kritisch
den Entwicklungsstand meiner Sackbehaarung

Ich sah den mickrigen Pimmel
und die kleinen Eier
mit nichts als nackter rosiger Haut drumrum
Nichts als Wüste
Peter hatte schon den reinsten Dschungel da unten
Er kroch ihm schon aus den Unterhosen
Er hatte ihn mir nach dem Sport gezeigt
und er war tierisch stolz drauf

Ich sah deprimiert in den Spiegel
und dann an mir runter
so als könnte er mich belügen
und dann hörte ich die Jeremiade meiner Mutter
und dachte traurig
mit den heruntergelassenen Hosen
daß es in Zukunft
keine eingelegten süßen Gurken und
keine sauren Heringe

---

[*] plattdeutsch für: „O Gott, sie ist tot! Mutter ist tot!"

mehr geben würde
weil meine Mutter doch
von sowas
keinen Schimmer
hatte

Nachtgedanken

Und ich knipse das Licht aus
und höre den Kühlschrank summen
und als er genug hat, meine Uhr ticken
Und im Stockwerk über mir
feiern sie eine wilde Party
und Musik von JOE COCKER kriecht mir ins Ohr
irgendeine schnulzige Ballade
und ich überlege, obs wohl Ältere
oder Jüngere sind, die da feiern
und mir fällt die Frau ein, auf der Fähre hierher
die ich gerne gepimpert hätte
und dann denke ich dran, was es morgen
noch alles zu tun gibt
und ich drehe mich auf die Seite
höre JOE COCKER
und versuche trotz allem
ein wenig zu schlafen

Heldentaten

Einen Faden einfädeln
Den Abwasch von gestern machen
Dreckige Unterhosen waschen
Essen kochen und das Bad schrubben
Die *Zeugen Jehovas* abwimmeln
Den besoffenen Mann aushalten
dieses hirnlose Stück Fleisch
das stinkt und verwest
Kinder großziehen
ohne Dank und alles
Die keifende Frau ertragen
mit geduldigem Lächeln
und tonnenweise Nachsicht
Geld ranschaffen mit einem Job
der einen ankotzt
Tag für Tag Jahr für Jahr
bis die Zeit jede Bedeutung verliert
und man tot ist
ohne es zu merken

Menschen ertragen
Nette weniger nette und Arschlöcher
Ihr sinnloses Gequatsche
Ihre Konventionen und ihr Aussehen
Ihr Geruch und ihre Selbstgefälligkeit
Ihr arrogantes Gehabe und Verhalten
auf Autobahnen und sonstwo

Das Leben selbst aushalten ohne zu murren
stoisch mit gefrorener Miene
Die Verzweiflung runterwürgen
die Angst niederringen
die Schlinge bleibt einsam
die Kugel im Lauf
am Hochhaus vorbeigehen
und weiterhin
Heldentaten vollbringen
Tag für Tag Jahr für Jahr
als sei nichts selbstverständlicher
auf der Welt

Einladung

Wir waren bei ihrer Mutter eingeladen
Ich besorgte noch einen Blumenstrauß
Fünf weiße Rosen mit ein wenig Grünzeug
Dann gings los
Mich verblüffte, daß sie keine Ähnlichkeit mit ihr hatte
Die Mutter war kleiner, zierlicher, drahtiger
Sie war sportlich und auf eine andere Art attraktiv
Sie hatte eine feste klare Aussprache
Ihr Händedruck war kräftig
Wie von einem Mann
Das machte mich mißtrauisch
Frauen mit kräftigem Händedruck
Da sollte man aufpassen
Sie lachte ein trockenes, etwas langgezogenes Lachen
und ließ dabei zwei Reihen tadelloser weißer Zähne sehen
die sie aufeinanderbiß wie einstmals HELMUT SCHMIDT
Sie trug eine modische Brille mit Horngestell
Alles in allem wirkte sie wie eine
raffinierte Gymnasiallehrerin
Alles war wohldurchdacht, alles unter Kontrolle
Die Welt war erklärt bis in die letzten Winkel
Und was nicht erklärt war, war erklärt dadurch
daß es mystifiziert wurde
Ich habe was gegen Lehrerinnen
Mich kotzt ihr ewig besserwisserisches Getue an
Sie aber war in ihren Äußerungen eher zurückhaltend
bestimmt, aber doch zurückhaltend
Ich habe vergessen was sie beruflich machte
Irgendwas in einem Kindergarten

oder einer Schule für behinderte Kinder
Jedenfalls kam es dem Lehrerinnendasein schon sehr nahe
Ihre eigentliche Bestimmung sah sie jedoch
in ihrem esoterischen Wirken
Bachblüten, *Stein-* und *Aromatherapie*, *Reiki* usw. usw.
Ich habe nichts übrig für diesen ganzen Hokuspokus
Für mich ist das Schwachsinn, zu nichts anderem gut
als naiven Menschen Geld aus der Tasche zu ziehen
Aber was, frag´ ich euch, ist dazu nicht gut
Überall hatte sie so Steinklumpen rumliegen
irgendwelche Mineralien in allen möglichen Farben
schöngewachsene Kristallformationen und
Felsbrocken, die aussahen wie heilige Schreine:
die gewölbte Außenhülle ziemlich nichtssagend
aber innen drin funkelte und strahlte es
tiefviolett oder hellrosa wie im Zentrum einer Galaxie
Für sie waren diese ganzen Klumpen Lebewesen
Wesen, die belebt waren, *fühlen* konnten
- natürlich nicht ganz so wie wir -
aber eben doch auch *fühlen*
halt irgendwie anders ...
Naja, und so weiter
Ich fühlte mich nicht sonderlich wohl
Wir tranken Espresso aus diesen kleinen Tassen
Nachher gabs noch einen *Grappa*
Sie sagte, es wäre ein wirklich sehr guter *Grappa*
Ich konnte das nicht beurteilen
Ich hatte bisher noch nie *Grappa* getrunken
Wir quälten uns alle drei redlich mit
unseren Gesprächen ab
Keiner wußte so recht was zu sagen, und jeder

kramte fieberhaft in seinen Gedanken
nach irgendwelchen thematischen Schnittpunkten
über die ein paar Worte zu verlieren waren
Wie immer bei solchen Gelegenheiten saß ich da
und grinste blöd rum und stammelte
irgendwas zurecht
Keine Ahnung über was und wen
So kroch die Zeit vorüber und hielt uns zum Narren
und ich bemühte mich nach Kräften, irgendwas
Unterhaltendes rauszubringen
aber ich bin kein Entertainer
Sie sagte wenig
und ihre Mutter sagte etwas mehr
und ich stotterte irgendwelches dummes Zeug
und so hielten wir das Gespräch am Laufen
wie Typen, die mit Mühe ein verlöschendes Feuer
durch krampfhaftes Stochern und Pusten
in Gang zu halten versuchen
Es gab noch einen Espresso
und etwas Gebäck
und man kaute drauf rum, froh, mit vollem Mund
nicht sprechen zu können
Irgendwann kam die Erlösung
Ich weiß nicht mehr von wem und wie
und wir brachen wieder auf
Ich hatte Kopfschmerzen
Wie immer nach solchen Sachen
Wir gondelten noch eine Zeitlang
in der Stadt herum, weil wir den beschissenen
Autobahnzubringer nicht fanden
und dann waren wir endlich drauf, und ich

lehnte mich zurück und gab Gas
sah sie an und sagte
„Deine Mutter ist wirklich eine sehr nette Frau."
Und sie sah mich an
mit ihren wasserblauen Augen
und sagte nichts
und ich sagte auch nichts mehr
und die Straße flog unter uns davon
Es war nur wenig Verkehr

Verpaßt

Stirbt der Wald
eigentlich noch?
Oder ist er
gar schon tot?
Ist die Welt noch da?
Oder sollte ich ihren Untergang
wie so vieles
verpaßt haben?

Trostlos

Sie steigen aus Bussen und laufen auf Fußwegen
oder stehen einfach nur da
Sie kaufen ein oder erledigen sonstwas
Frauen und Männer mit trostlosen Gesichtern
Manche blicken verschlossen, andere hart, unnahbar
ohne Mimik, ohne Leben
Manche blicken wie nach innen, wie in Trance
Wie Hypnotisierte
Hypnotisiert von einem trostlosen Alltag
von trostloser Arbeit
vom trostlosen Dasein
Sie gehen morgens aus dem Haus und kommen
irgendwann am Spätnachmittag zurück
Zurück in ihre trostlosen Wohnungen
mit Fernsehen und Video
Und sie setzen sich in Sessel
und schauen sich das trostlose Zeug im Kasten an
Und sie schauen sich die Werbung an
die ihnen in ihr trostloses Hirn scheißt
und sie glauben läßt
mit *dem* Lokuspapier gehören sie dazu
Zur gnadenlos polierten Welt des ewigen Lächelns
zur buntgespritzten Existenz der Anderen
Aber sie bleiben trostlos, ihr Schiß bleibt trostlos
und traurig - trotz Lokuspapier
mit drei Lagen

Angelika, RINGO STARR und ich

Angelika
saß vor mir
im Sprachlabor

Es muß
im Sommer
gewesen sein

Sie trug
eines dieser kurzen
niedlichen Pepitakleider
mit schmalen Trägern

Ihre gebräunten Schultern
lagen bloß und ich
sah ihre langen
schwarzen Haare
weit auf ihren Rücken herabhängen
und die ebenso
schwarzen Haarbüschel
unter ihren Achselhöhlen

Was hier ablief
schien sie so wenig
zu interessieren
wie mich
Sie malte kleine
von Pfeilen durchbohrte
Herzchen auf

ihr Schreibheft
und schrieb
mit Sorgfalt in schön
geschwungenen Buchstaben
Ringo Starr
dazu

Ich extrapolierte ein wenig
von dem was ich sah
und stellte mir vor
daß sie zwischen
ihren hübschen
ebenso gebräunten Beinen
ein ebenso schwarzes
wunderbar wuscheliges Haarbüschel
besitzen würde

Dieser Gedankengang
zauberte mir ganz nebenbei
einen prächtigen Ständer
in die Hose

Ich dachte daran
wenn ich jetzt
RINGO STARR
wäre könnte ich
mich sicher ohne
große Mühe
von der Richtigkeit
meiner Vermutung überzeugen

und noch so
einiges mehr

Ich war nicht
RINGO STARR
Ich war nur
ein kleiner Furz
in dieser verschissenen Schule
an irgendeinem
schönen Sommertag
Ich wußte
nicht mal genau wer
RINGO STARR
eigentlich war

Und so
konnte ich mich nie
davon überzeugen
ob meine Vermutung zutraf
und wie es
zwischen Angelikas Beinen
wirklich aussah

Aber
RINGO
hat´s auch
nie erfahren

Glaube ich
jedenfalls

Heimweh

„Wir sehnen uns nach Hause
und wissen nicht wohin."
JOSEPH VON EICHENDORFF

Heimweh
die unbewußte Suche
nach nie kennengelernter Liebe
und Geborgenheit
Heimweh
das Symptom einer Mangelkrankheit
Mangel an erwiesener Zuneigung
und bedingungsloser Annahme
eines sich regenden und windenden
und schreienden Wurms
Heimweh
das innere Ziehen
zurück zu einem Ort der Vorenthaltung
Vorenthaltung von unbedingter Erwünschtheit
und Freude über dein Dasein
Heimweh
die unbewußte Hoffnung
in der Wüste des Erwachens
die Oase des Erwünschten und Ersehnten
zu finden
Heimweh
die Trennung von noch Erwartetem
und sich nie Einstellendem
Heimweh
das unbewußte Sehnen

nach Ruhigsein und Verweilung
im Aufgehoben des idealisierten Bekannten
Heimweh
kriegt keiner, dem gegeben wurde
was nötig war
Denn er trägt in sich was wir in uns
nicht finden können

Prioritäten

Man sollt sich mit Gewehren
in die Köpfe schießen
Vielleicht als letzter Akt
der Menschlichkeit
Man sollte, wenn man muß
zuvor noch einmal niesen
Danach ist dazu kaum
Gelegenheit

Am Fenster

Und ich stand am Fenster
an irgendeinem Sonnabendvormittag
und der Himmel hing grau herab
und es war dunstig
und der große Parkplatz war fast leer
nur ein paar vereinzelte Autos
standen darauf herum
und von hier oben sahen sie aus
als hätte sie ein Kind dort
beim Spielen vergessen

Zwei Blätter wehten übers Dach
der Garage wie Hunde
die hintereinanderhertollen

Die Bäume waren kahl
und sahen aus wie abgestorben
Der Fluß zitterte grünlich
vor sich hin als
würde ihn die Kälte schütteln
Und die kleinen Häuser der
Schrebergärten dahinter
rückten dichter zusammen
und aus einem Schornstein drang
dicker Rauch

Irgendeiner von diesen Binnenkähnen
tuckerte leise auf dem Fluß entlang
und ein grüner Kleinwagen

hinten auf Deck wirkte
irgendwie deplaziert

Und ich dachte daran
wie es wohl wäre
auf diesem Schiff zu sein
und mir fiel lauter
so kitschiges Zeug ein von
Schifferromantik und
Südseekulissen wie
Palmenstrände und
kristallklares grünes Wasser und
schneeweißer Sand und
soweiterundsofort und
dann dachte ich daran
daß ich noch niemals dort war
und wahrscheinlich auch nie
hinkommen würde
und dann setzte ich einen Kaffee auf
und machte weiter
in meinem Trott

Klassenfahrt

Die hab´ ich gehaßt
Die Stars hatten die Mädchen und
uns blieb der Suff
Schon die Stimmung im
Bus wenn´s losging
Ausgelassenheit Gelächter blöde Witze und Bemerkungen
wurden gemacht
Ich machte mit obwohl
mir nicht danach zumute war
Durcheinandergerede und -gebölke
die Pauker versuchen Griff reinzukriegen
irgendwie ist alles gut drauf nur
ich wieder nicht
Ich laß´ mir nichts anmerken
Jugendherberge
Die Zimmerbelegung
Die Stars zu den Stars
die Deppen zu den Deppen
Ich zu den Deppen
Morgens im Speisesaal
Wieder allgemeines Durcheinandergerede
Teller- und Geschirrgeklapper
Begegnungen mit anderen Schulklassen
anderen Mädchen
Gekicher und so weiter
„Hihihihi, sieh mal den da! Is´ der nich´ süß! Hihihi..."
„Ehj, küß´ doch mal den da!"
„Ähhh! Wir küssen nur hübsche Jungs!"
Ich zähle die Tage

mache Striche an die Wand wie
Ganoven im Knast
Besichtigungen Wanderungen undsoweiter
alles nur Staffage für
das eine
Wer geht mit wem wieweit
Wer nichts Fleischliches hat
hält sich ans Flüssige
Mancher trinkt mehr als ihm guttut
Zimmer werden vollgekotzt
Lehrer drohen mit Heimfahrt
Es ist immer dasselbe
Ach ja Hin und wieder
kriegt auch mal einer
was aufs Maul
Es hält sich in Grenzen
Irgendwie geht´s zu Ende
wie´s angefangen hat
mit Gedrüs und aufgekratzter Stimmung
und ich habe einen widerlichen Geschmack im Mund
aus Wut und Traurigkeit und Nichtdazugehören
und weiß nichtmal warum
und der Kopf dröhnt von
der gestrigen Weinprobe
und ich schwöre mir beim
Arsch des Propheten
während mir
vom Geschaukel des Busses
die Kotze bereits im Hals steht
beim nächsten Mal
bin ich krank

Du

Vielleicht zeige ich Dir
nicht so daß ich Dich liebe
wie es die anderen vor mir
getan haben
und wie ich es
gerne möchte
Doch Du lächelst mich an
wie nur Du es kannst
und Deine Hände sagen mir
daß Du mich längst verstehst

Vielleicht fehlen mir manchmal
die richtigen Worte
oder mein Mund bringt sie nicht
über die Lippen
an Deine Ohren
obwohl ich sie Dir
so gerne sagen möchte
Doch Du legst Deinen Finger
auf meinen Mund
und küßt mich
und ich weiß
ich brauche nichts sagen

Vielleicht wirke ich oft
so kühl
wie ein Vorfrühlingstag
oder Butter aus dem Kühlschrank
Doch dann nimmst Du nicht die Margarine

sondern wartest geduldig
bis Deine Wärme auch mich
erreicht und durchdrungen hat
und ich spüre daß ich lebe
und ich lebe durch Dich

Ohne Dich
wäre ich längst ein Pflasterstein
Ein versteinertes Fossil
so hart geworden
daß ich nur noch zerbrechen kann
Ich danke dem Himmel
daß es Dich gibt

Einparken im Morgengrauen

- „weiterweiterweiter - stop!" -
Auskuppeln, Gang rein, Gas
- „stop!" -
Ich lag im Bett und hörte die Kommandos
Das heißt, eigentlich lag ich nicht im Bett
sondern auf meiner Matratze
Ich hab gar kein Bett
Ich hatte ein Fenster auf kipp und mir war schlecht
Mein Schädel war ein unidentifizierbares Etwas
in dem mein vergammeltes Hirn von irgendwem
als Punchingball mißbraucht wurde
Ich war bereits dreimal rausgerannt
und hatte „die Kloschüssel angebrüllt"
wie mein Kumpel Rüdiger es so treffend nannte
mit dem ich die Nacht durchgesoffen hatte
Er lag nebenan und ich hörte ihn gleichmäßig schnarchen
Das Leben ist ungerecht. Da hatte er fast das Doppelte
intus und schlief den Schlaf der Besoffnen
während ich fast meine Innereien rauskotzte
- „ein bißchen noch, ... okay, noch - stop!" -
Ich machte, daß ich rauskam
der Flur schwankte, die Klotür kippte
es breitete sich schon dieser ekelhaft süßliche Geruch aus
Ich kniete mich hin, fast wie zur Andacht
und dann kams auch schon. Dem Gott der Fäkalien
- Fäkalius? Fäkalitas? - wurde ein neues Opfer gebracht
Der Rest der *Pizza Nr. 8, Tomaten, Käse, Champignons,
Salami, Paprika, Schinken 12.- DM*

lag vor mir: eine Champignonscheibe und
zwei Streifen Paprika
in einer Soße von gelber Galle und anderen Säften
Obwohl mein Hirn in der Schädelkalotte herumkollerte
wie die Silberkugel im Flipperautomat, mußte ich
daran denken
daß Rüdiger die Champignons als „frische Champignons"
erkannt hatte und nicht als welche „aus der Dose"
Naja, seis drum. Im Moment konnte mir das gleich sein
Ich erhob mich ächzend, spülte die einstmals frischen
Champignons und den Rest weg, gurgelte, nahm ein
zwei Schluck Wasser und kroch zu meiner Matratze zurück
- „stückchenweiterstück-stop!" -
Gas weg, Gang raus, Gang rein, Gas, Kupplung kommt
- „zurückzurück-halt!" -
Wahrscheinlich parken die da ´n Sattelschlepper
oder ´ne Stretchlimo ein, dachte ich
Schön langsam, bloß keine hastigen Bewegungen
Mein Magen machte sich bereits wieder durch
unangenehme Peristaltik bemerkbar
- „okayokayokay-stop! - STOPP!!" -
Blech kreischt Plastik rülpst dumpf vor sich hin
Glas splittert und fällt aufs Pflaster
Bremsen und abgewürgter Motor Wagentür fällt zu
Stimmendurcheinander „Ich hab doch ..." - „Aber nicht ..."
Mir fiel ein, daß meine Karre da unten auch irgendwo stand
Vielleicht haben sie die gerade plattgemacht
Mir egal. Ist sowieso schon über 15 Jahre alt
Mir ist so unwahrscheinlich schlecht. Und mein Kopf
dröhnt wie nie. O Gott, laß mich sterben!
Ich schwitze wie ein Schwein, merke ich erst jetzt

Gleichzeitig friere ich, habe Schüttelfrost oder so was
Wahrscheinlich hat ER mich beim Wort genommen
Stimmendurcheinander. Verstehe nichts. Will auch
nichts verstehen. Sonne schmeißt viel grelles Licht
ins Zimmer. Das Leben ist nicht zum Aushalten

Ich lag ganz still und versuchte, das Gerede nicht
an mich ran zu lassen. Mir war, als ob meine Einzelteile
nur noch locker miteinander verbunden wären
und alle unterschiedliche Eigenvibrationen hätten
Ich war mir sicher, sollte ich versuchen das Fenster
zu schließen, ich würde auseinanderfallen
Ich drückte die Kissenseiten hoch, um die Geräuschkulisse
etwas zu dämpfen und angelte sehr vorsichtig
nach einem T-shirt, das da irgendwo neben der Matratze lag
Mein Magen grollte und ich mußte ein paarmal schlucken
Ich hattes. Ich legte es mir über die Augen und die Sonne
hörte auf, mir pausenlos in die Schnauze zu schlagen
Mein Magen beruhigte sich etwas. Stimmendurcheinander
Motor wird wieder angelassen. Wieder aus. Wagentür klappt.
Stimmendurcheinander. Rüdiger schnarcht nebenan
Man hört sich entfernende Schritte, die das Stimmendurch-
einander mit sich nehmen. Dann Stille
Rüdiger schnarcht nebenan. Das Dröhnen
in meinem Schädel versucht zögernd
sich den entfernenden Schritten und
dem Stimmendurcheinander anzuschließen
Rüdiger schnarcht nebenan
Ich versuchte, noch ein wenig zu pennen
Rüdiger schnarchte nebenan

Fast wie im Film

Wir sitzen zusammen
im Auto
Wenn wir im Film wären
wäre ich DEAN MARTIN
und würde jetzt anfangen
zu singen
Und sie dann küssen

Aber wir sind
nicht im Film
Ich bin nicht DEAN MARTIN
Und küssen lassen
würde sie sich wohl
auch nicht
so ohne weiteres
von mir

Meine Seele

Meine Seele
ein verblutender Hase auf einer Autobahn
plattgefahren von denen
die sich immer auf Achse befinden
und denen Hasen nur im Wege sind
Meine Seele
ein junges Mädchen im Sommerkleid
geschunden und geschlagen
vergewaltigt und erniedrigt
Meine Seele
rohes Fleisch
noch voller Leben
die Haut bereits abgezogen
Meine Seele
ein Getreidekorn auf steinigem Weg
Wachstum ausgeschlossen
Meine Seele
ein Topf mit roter Farbe
eingetrocknet mit Rissen drin
aber immer noch rot
Meine Seele
ein schlagendes Herz
verschüttet und begraben
unter trostlosen Zeiten
Meine Seele
ein Gefangener in seiner Zelle
ein Lebendiger in seinem Sarg
entkernte Kirschen im Glas
DALIs gekochte Bohnen

Meine Seele
nur ein Etwas
aber was?

Ein sehr gut zahlender Arbeitgeber

Überall ist nichts als Tod
Jeder Tag stirbt
Und jede Nacht
Und jedesmal sterben wir ein bißchen mit
Alles was wir tun dient nur der Ablenkung
Wir übertünchen unsere Morbosität mit Alltäglichkeit
Wir glauben den Tod zu besiegen
Doch er steht längst hinter uns
Er wartet
Die Zeit arbeitet ihm uns zu
Mit jedem Stück Brot das wir essen
Mit jedem Bier das wir trinken
Mit jedem Schiß
Mit jedem Fick
kommen wir ihm näher

Doch wir wollen es nicht wahrhaben
Wir lachen hysterisch
Und schrauben eine hellere Birne rein
Wir schlucken Vitaminpillen
und strampeln uns ab
auf dem Hometrainer
Als könnten wir ihm davonfahren
Doch wir kommen nicht vom Fleck

Wir treibens immer mal wieder mit anderen
Als ob das was ändern würde
Wir vögeln uns die Seele aus dem Leib
Aber was uns aus dem Hals rauskommt

ist einzig der Gestank von Verwesung
Du willst den Tod nicht sehen
Und doch ist er allgegenwärtig
In deinen verschissenen Unterhosen
In deinen verschwitzten T-shirts
Im Frühstücksei am Morgen
In deinem tagtäglich auf dich wartenden Job
auf den schon Tausende andere scharf sind
und die nichts sehnlicher wünschen
als deinen vorzeitigen Abgang
Die dann mit traurigen Gesichtern jubilieren

Und du denkst zurück
als du Kind warst
und der Tod nur
der Tod deines Meerschweinchens
oder Kanarienvogels

Als Alles noch Spiel war
und der Ernst noch nicht mal
über den Horizont deines Daseins lugte
und du immer dachtest
hinten beim Milchladen an der Ecke
wäre die Welt zu Ende

Als du nur manchmal
wie aus Versehen
einen Spritzer Realität abbekamst
Wenn die Eltern sich in der Wolle hatten
oder du sie beim Vögeln überraschtest
dein Alter stockbesoffen war

oder die Oma tot im Garten lag
zwischen Frühkartoffeln und Radieschen
für Vater

Dann bist du vielleicht für einen Moment
erstarrt in deiner Kindlichkeit
und leichter Rauhreif legte sich
ganz sanft und unmerklich
auf deine vibrierende Kinderseele
Und für einen Augenblick war dir
als hätte sich eine Tür
nur einen winzigen Spalt geöffnet
und dir einen kurzen Blick
in einen ziemlich tiefen Abgrund gestattet
so daß dir schwindelte und du
erschrocken zurückgewichen bist

In solchen Augenblicken
werden manche Kinder
ganz schnell erwachsen
biltzartig sozusagen
Sie überspringen in Sekunden
Lichtjahre ihrer Entwicklung
Jeder Relativitätstheorie zum Trotz
Du kannst sie an ihren Augen erkennen
Sie stecken in niedlichen kleinen Kinderköpfen
mit Stupsnase Ponyfrisur und kleinen Mündern
Aber es sind die Augen von Erwachsenen
die dich ansehen

Doch bei den meisten
- und das ist gut so -
fällt die Tür sehr schnell wieder zu
Der Rauhreif verflüchtigt sich unter der
wieder kräftiger scheinenden Seelensonne
und dem kleinen Scheißerle
fällt ein daß es Kurt von nebenan
noch dringend
sein neues LEGO-Auto
zeigen muß

Und der Tod steht dabei
und grinst sich
in die knochige Faust
Er kann warten
Zeit bedeutet ihm nichts
Er ist der einzige im gesamten Kosmos
für den die Zeit arbeitet
Ihr einziger Arbeitgeber
Und er zahlt verdammt gut
Er löscht mit ihrer Hilfe
Sonnen aus
ganze Galaxien mit jeder Menge Planeten drin
auf denen sich was weiß ich für Kreaturen
genauso ins Hemd scheißen wie wir
hier unten

Und er wird erst Ruhe geben
wenn Alles zum Stillstand gekommen ist
Die totale Entropie

Dann wird er emeritiert
und kassiert seine wohlverdiente Pension

Er wartet
Auf mich
Aber auch auf
Dich
Das tröstet
mich

Irrung

Ich dachte schon
sie kommen
die Treppe rauf
Aber es ist nur mein Herz
das da klopft
Vor Angst
Wie immer

Fressen und gefressen werden mit Gottesdienst

Es war eine dieser modernen Kirchen
- vielleicht wars auch gar keine Kirche
sondern ein Gemeindehaus oder sonstwas -
Ich glaube, es war eine Kirche. Eben eine moderne
Jedenfalls hatte das Gebäude nichts von diesem
muffigen erstickenden und beängstigenden Flair
tausendjähriger Gotteshäuser
Hell. Viel Fenster
Durch das freundliches Sonnenlicht
einen einfachen Weg fand
Weiße klare Wände und einfache gepolsterte Stühle
Helles Holz. Freundlich
Ein einfacher Tisch diente als Altar
Eine blütenweiße Leinendecke lag darüber
aber er mußte hellblau lasiert sein
da ich die blauen Tischbeine sah
Rein. Reinheit. Der Gedanke drängte sich auf
Und Werbesprüche von *sauber* und *rein*
Infiltration von allen Seiten
Auf dem Tisch lag sehr dekorativ
aufgeschlagen eine dicke Schwarte
Wahrscheinlich eine alte wertvolle Bibel
Mit Goldrand. In Frakturschrift
Der Pastor las jedoch nichts daraus
Er hatte sein eigenes *Buch*
Eine große fette weiße Kerze brannte
Phallussymbol. Zuviel FREUD gelesen
Finden heute immer mehr als »Partykerzen« Verbreitung
Die dicke aufgeschlagene Bibel war wohl nur Dekoration

Schräg hinter der Dekobibel
stand ein postmodernes Bronzekruzifix
Vielleicht wars auch aus Kupfer. Ich weiß es nicht
Das Bronze-Kupferkruzifix sah ziemlich billig aus
Wie aus irgend so einem Ramschladen
Der Zweck heiligt die Mittel
CHRISTUS sah ein bißchen aus wie der Leibhaftige
Die Ohren waren ein bißchen zu groß geraten
Ich nehme an, es waren die Ohren
Oder er hatte eine Punkfrisur
Oder ihm standen einfach die Haare zu Berge
Wahrscheinlich war letzteres der Fall
Hätte mich nicht verwundert
Es waren meist nur Ältere da
Sie wußten, sie standen auf der Kante
Sie wollten vorm Absprung
noch schnell ihr Glaubenskonto ins *Haben* bringen
Schließlich - man weiß ja nie
Mir würde das nicht passieren. Ich war mir sicher
Ziemlich sicher
Oben, im hellen lichten klarlackierten Schichtengebälk
mußte sich ein Spinnennetz befinden
Ich sah es nicht direkt
Nur den vergrößerten Schatten an der Decke
skizziert vom spielenden Licht der Sonne
Das Netz oszillierte in unregelmäßigen Abständen
Ein Falter (oder eine Motte) hatte sich im Netz verfangen
Das Predigtthema war das „Ich bin ...“ von JESUS
Der Pastor sprach von den Bildern
in denen JESUS sich uns verdeutlicht hatte
Er sprach vom Bildnis JESU als „Brot des Lebens“

als die Spinne den Falter (oder die Motte) am Genick hatte
und ihn (bzw. sie) durch einen gezielten Biß erledigte
JESUS ist der Weinstock und wir die Reben
und die Spinne war dabei, ihr Freßpaket zu schnüren
JESUS war ihr scheißegal
Mir auch

Draußen und drinnen

Anfang Juli
Zu kalt für die Jahreszeit
Himmel bedeckt
Wird wieder Regen geben
Ziemlich windig
Macht mir nichts
Bin froh über die Wetterlage
Genauso siehts in mir aus
Zu kalt für die Jahreszeit
Himmel bedeckt
Wird wieder Regen geben
Ziemlich windig
Anfang vom Ende

muß los, du; wir sehn uns

Sie setzten sich mir gegenüber
wie ich es nie gekonnt hätte
So selbstverständlich. So sicher
Leute, denen die Welt gehört
Leute, die für sie gemacht sind
Beide hatten große weiße Zähne
und er trug große schwarze Schuhe
bestimmt 46
Sie war ziemlich fett
aber es schien sie nicht zu stören
Studiobräune, die das dicke Gesicht
wie braun lackiert aussehen ließ
Platinblonde schulterlange Haare
wahrscheinlich gefärbt
schon mit grauen Strähnen drin
Parfümgeruch tastete sich zögernd
an mich ran. Keine Ahnung
ob billig ob teuer. Keine Ahnung
wie man so was riecht

- „ ... *Jasmien* wa ja wohl völlich dicht, oda?" -
- „du, hab ich gar nich mitgekricht. Ich bin ..." -
- „*ich* hab ja dann noch den *Futtbollspieler*
  aufgerissen, ehj, haste gesehn, du; der ..." -

- „was? wirklich? sackstark, du! Aba, ..." -
- „janichwasduvielleichtdenkst! Nur so –" -

Sie sah mich an und lächelte. Ich lächelte zurück

- „gott, is das jan Tier! Son Schrank, ehj!" -

Sie breitete die Arme aus und ich schätzte
wenn die Ausmaße auch nur ungefähr hinkamen
daß unser *Futtboller* hier mindestens
zwei Plätze eingenommen hätte
Er sah sie an und zeigte seine großen Zähne

- „nee-e, nich was ihr denkt! Hahahahahaha!" -

Ich konnte mir schon denken, was ich dachte
und fragte mich, ob ich überhaupt gemeint war
Sie sah von ihm zu mir und
dann kurz aus dem Fenster
Er sah mich an und dann zu ihr
oder auch aus dem Fenster
Ich konnte es von hier aus nicht unterscheiden

- „neeneenee, aba total abgefackt, ehj, ... echt ...!" -

Sie schüttelte den Kopf mit den platinblond
gefärbten Haaren dran und konnte es wohl selbst
kaum fassen
Irgendeine Haltestation wurde durchgesagt
und er schaute in den Gang, als wäre dort
plötzlich der Sinn des Lebens aufgetaucht

und ich sah auf seine klobigen schwarzen
Siebenmeilenstiefel und dann spürte ich
daß ich noch immer dieses blöde Lächeln
im Gesicht hatte, wie festgewachsen
wie Marmeladenreste vom Frühstücksbrötchen

- „ ... muß los, du; wir sehn uns – " -
- „kommen *Petra* und *Macel* auch vorbei?" -

Er schien kurz zu überlegen

- „klar, ham ja zugesacht, bringn bestimmt noch
  Niekoll und *Jennifa* mit, du!" -

Sie ließ ihre Zähne wie Baggergreifer ausfahren
und kriegte sich kaum ein vor Begeisterung

- „scharf, ehj, suuupa! Hej, das wird ne geile Party, ehj!!"-
- „Nalogo! Bis dann, du ..." -

Er beugte sich zu ihr rüber und küßte sie auf die
braungetünchte Stirn. Ich bekam dieses
blödsinnige Lächeln nicht aus meiner Fresse
Dann war er weg. Sie streifte mich mit einem
kurzen Blick, sah wieder aus dem Fenster
Meine Station kam. Ich drehte mich aus dem Sitz
und war weg. Ich sah der Bahn hinterher
Blondie Braun und *Siebenmeilenstiefel* würden
heute nacht eine echt geile Party mit *Petra* und *Macel*
Niekoll und *Jennifa* und wer weiß wem noch
haben, da war ich mir fast sicher

Vielleicht schaute ja die Schrankwand auf zwei Beinen
auch kurz vorbei, wer weiß
Ich würde nicht dabei sein, das zumindest war sicher
Ich war darüber nur mäßig traurig

Die Zeit nicht einmal ahnen

Trost finden. Wie und wodurch? Durch wessen Worte?
Trost ist nichts als Schmiermittel
Um besser in der unangenehmen Realität rumzurutschen
Trost wofür?
Um besser abbinden zu können
Hart werden fürs Unvermeidliche
Schöne Scheiße
Es ist immer das Selbe
Immer das Selbe. Immer das Selbe
Jeden Tag die selben Gesichter
Die selben Orte. Die selben Situationen
Die selben Worte
Reizstoffe
Verflucht, dieses Höllenloch kennt kein Erbarmen
Alles ist ein endloses Warten
Jetzt mit Freunden vor einer Berghütte sitzen
Schönes Wetter. Irgendwas zu trinken
Wein, ein paar Flaschen Bier
Irgendwer hat Käse, Wurst und Brot mitgebracht
Wir sitzen einfach da, genießen die Aussicht
und unterhalten uns. Einfach so
Unbeschwert. Ja. Unbeschwert
Die Zeit nicht einmal ahnen
Ängste und Alpträume zerfressen meine Seele
wie Maden und Würmer dereinst mein Hirn
Was bleibt mir noch?
Was bleibt mir jetzt noch übrig?
Ich werde zerrieben
Zwischen riesigen Mahlsteinen

die knirschend mir ihre Unnachgiebigkeit mitteilen
Langsam, ganz langsam
Nur nicht überstürzen
Ich löse mich auf. Ich zerfalle zu Staub
Draußen am See. Klares Wasser. Ein Boot
Wir rudern raus
Dann lassen wir uns treiben
Wir liegen auf der Holzpritsche und schauen
in den blauen Himmel
Ich rieche das Holz und die Farbe des Bootes
Vermischt mit dem Duft deiner Haare
Kleine Wellen schlagen an die Bootswand
und schaukeln uns leicht, wie Kinder in einer Wiege
Ich spüre das Glück
So dicht und nah wie nie
So daß es mir die Luft nimmt
Unbeschwert. Ja. Unbeschwert
Die Zeit nicht einmal ahnen
Angst paart sich inzestuös mit Mutlosigkeit
und zeugt Verbitterung
Überall nichts als Verbitterung
Dabei gibt es Schlimmeres
Viel Schlimmeres
Das Elend der Relativierung?
Oder die Relativierung des Elends?
Das Leben als Last
Ein Problem der Wahrnehmung?
Unbeschwert. Ja. Unbeschwert
Die Zeit nicht einmal ahnen
Die das können
Sind immer die Anderen

Der Rotztropfen oder
Wie man eine Rechenarbeit verhaut

Es war wohl in der 4. oder 5. Klasse
So genau weiß ich das nicht mehr
Wir schrieben eine *Rechenarbeit*
Zu der Zeit *rechnete* man noch
Heute schreiben sie schon im Kindergarten *Mathearbeiten*
Rechnen war und ist nicht meine Stärke
Ich hatte gerade angefangen
und die verschiedenen Aufgaben
erst einmal überflogen
Zu den meisten fiel mir gar nichts ein
Ich sah in die Runde
Die anderen waren bereits voller Eifer dabei
die Seiten ihrer Arbeitshefte mit Zahlen vollzuhauen
Elisabeth. Sie hatte ganz rote Wangen
die Zöpfe auf dem Rücken
und ich konnte die sauberen, gestochenen Ziffern
und Striche förmlich sehen, die ihre Heftseiten bedeckten
Carsten. Er kaute auf seinem Stift herum
sah dabei angestrengt und konzentriert zur Zimmerdecke
und dann fiel ein triumphierendes Lächeln auf sein Gesicht
wie eine Ohrfeige oder der Adventskranz, den wir
in der Vorweihnachtszeit immer
im Klassenraum hängen hatten
und für dessen Erwerb gesammelt wurde
Er begann emsig zu kritzeln und zu krakeln und schaukelte
vor Begeisterung mit seinen bloßen Unterschenkeln
hin und her

Mir wurde schlecht vor soviel Können und Tatendrang

Herbert. Er saß da und hatte den Kopf in die Hand gestützt

Er sah regungslos auf sein Blatt

Vielleicht war er auch eingepennt

Bei Herbert wußte man nie

Ich sah zu Klaus rüber

Er schien zu überlegen

sah zur Wandtafel und drehte seinen Füller

zwischen Daumen und Zeigefinger der rechten Hand

wie Erwachsene eine gute Zigarre

Ich wollte schon wieder auf mein weißes, unbeflecktes

Papier sehen, da bemerkte ich einen Lichtreflex

in seinem Gesicht

Ein Rotztropfen

Er hing an seiner Nasenspitze

Und glitzerte fröhlich und unbedarft im Sonnenlicht

Ich sah und wartete

Wartete

Wartete

und wartete

daß er der Schwerkraft Genüge tun und

aufs Heft knallen würde

Ich sah und wartete

Wartete

Mein Nacken wurde steif

Er fiel nicht

Klaus drehte weiter seine Zigarre

Ich sah und wartete

Er fiel nicht

Wartete

Aber er fiel nicht

Ich sah kurz auf mein Heft
Oben auf der Seite stand sauber das Datum
und *Rechenarbeit*
und die Nummer der Arbeit
Sonst nichts
Ich sah wieder zum Tropfen
Klaus saß unverändert und der Tropfen hing unverändert
und glitzerte
Jetzt schien ihm was eingefallen zu sein
Er senkte den Blick auf das Papier und fing an zu schreiben
Der Tropfen verließ die Aura der Sonne
und verlor sein Glitzern
Er wurde zu einem ordinären milchigweißen Rotztropfen
Aber er fiel nicht
Ich sah und wartete
Er fiel nicht
Teufel, warum fällt er nicht?
Er muß doch mal fallen!
Warum, in dreiherrgottsnamen, wischte Klaus
ihn nicht einfach fort?
Dieser Scheißtropfen mußte ihn doch stören
ihn kitzeln an seiner blöden Gurke!
Er schrieb und schrieb und ließ ihn wo er war
diesen dämlichen Tropfen
Wisch ihn endlich ab, verdammt, rotz dich aus
in dein versifftes Taschentuch, du Blödmann!
Ich konnte doch nicht die ganze Stunde dort hinsehen
Ich zwang meinen Blick auf den Aufgabenzettel, auf diese
blaßviolette Schrift auf glattem Billigpapier
mit dem angenehmen Geruch verdunstenden Propanols

Ich las die erste Aufgabe durch und wußte überhaupt nicht
was ich gelesen hatte
Der Gedanke an diesen Rotztropfen
füllte mein ganzes kleines kindliches Hirn aus, da war
kein bißchen Platz mehr für Zahlen und Textaufgaben
Ich konnte nicht anders, es war wie ein Zwang
Ich sah wieder hin
Klaus war immer noch am Schreiben oder Rechnen
oder beides
der Tropfen immer noch da. Unverändert
Er schien nicht größer zu werden
Er schien ihn nicht zu stören
Warum wischte er ihn nicht endlich weg?
Automatisch
Mit einer flüchtigen Handbewegung
Er mußte ihn doch bemerken!
War das am Ende gar kein Rotztropfen?
Sondern etwas ganz anderes?
Ein seltenes Hautgewächs?
Eine krankhafte Veränderung der Nasenspitze?
Irgendeine Ausstülpung?
Horrorgeschichten meiner Oma fielen mir ein, was alles
passiert, wenn man immer wieder in der Nase bohrt
und die Fundstücke mit den Fingern in die Gegend schnippt
So wie ich es immer wieder gerne machte
Vielleicht frönte Klaus auch dieser Obsession
und hatte es zu bunt getrieben
Er richtete den Kopf wieder auf
und starrte erneut zur Tafel
Ich folgte seinem Blick, als würde ich dort vorne
die Antwort auf meine Frage finden

Ich sah wieder zum Objekt meines zwanghaften Interesses
Nein, das war kein Wasauchimmer
Das war ein Diamant
Jedenfalls glitzerte er so in der Sonne
und wie in einem Prisma
brach sich das Licht in ihm
und sprühte in allen Farben des Regenbogens
Und der Diamant hing an seiner Nase
und würde dort bis in alle Ewigkeit verweilen
niemals würde er runterfallen
Ich konnte warten bis ich schwarz wurde
Wie die Stimme meiner Mutter, morgens beim Wecken
drang aus einer anderen Welt die Stimme der Lehrerin
an mein Ohr: „Noch zehn Minuten, Herrschaften!"
Ich sah auf mein jungfräuliches Blatt
Einige waren schon fertig
Sie standen auf, kramten rum und gaben ab
Setzten sich wieder hin und blickten
selbstzufrieden in die Klasse
Idioten! Arschlöcher!
Wut und Angst krochen in Kapillargefäßen in mir hoch
Ich begann zu schwitzen
Die erste Aufgabe. Die mußte zu schaffen sein
Ich las sie erneut durch und fing an
wirre Rechnungen durchzuführen
von denen ich wußte, daß sie falsch waren
Ich sah wieder zu Klaus und seiner Nase
und bemerkte mit Erleichterung und gleichzeitigem
Befremden darüber, daß der Tropfen noch da war
Wieder rechnete ich irgendwas rum, füllte
mein unschuldiges Blatt mit Schwachsinn

und sah wieder hin
Noch da
Immer mehr gaben ab
Setzten sich wieder
Redeten miteinander, erst leise, dann lauter
„Ruhe bitte! Die letzten Minuten ...“
Alles verstummte. Aber nur kurz
Das Gemurmel stieg wieder an
Wie eine Dampflok, die langsam auf Touren kommt
Klaus stand abrupt auf und gab ab
und durfte schon rausgehen
„Die anderen bitte auch abgeben!“
Ich bekam es kaum mit, wachte auf wie aus einem Traum
Als hätte mir jemand einen Kübel Eiswasser
ins Gesicht geschüttet
Was war mit dem Tropfen, dem Diamanten?
Ich *mußte* es wissen
Ich sah auf mein Geschreibsel und wußte
daß diese Sinnlosigkeit nichtmal ästhetischen Wert hatte
Ich schloß mein Heft, ging nach vorne und gab ab
Dann raus und Klaus suchen
Er war weg
Es war die letzte Stunde gewesen
und er war schon weg

Am nächsten Tag fehlte er
und er fehlte den Rest der Woche
Wahrscheinlich war es eine Ausstülpung gewesen
Oder Schlimmeres
Doch er tauchte wieder auf
und seine Nase war okay

und er bekam eine Rechenarbeit mit „sehr gut" zurück
und ich eine mit „ungenügend"
Und die Lehrerin fragte mich kopfschüttelnd
„Wo hast du nur dabei deinen Kopf gehabt?"
Und ich wollte es ihr sagen, aber aus einem
unbestimmten Gefühl heraus ließ ich es
dann doch lieber
bleiben

Inselleben

Sehr gutes Wetter
Die Möwen schreien
Keine Ahnung, warum
Ganz anders als in meiner Stadt
Keine oder fast keine Autos
Kein permanentes Hintergrundrauschen
so als ob du ständig das Echo
vom Urknall in den Ohren hast
Nur die Möwen kreischen
Hin und wieder
Mal sehr laut und aufdringlich
mal weiter weg
mal kaum zu hören
mal einzeln
mal im Chor
Nervt mich und beruhigt mich zugleich
Ich öffne das Fenster
und jetzt höre ich auch
ein paar andere Vögel dazwischenquatschen
Frische, kühle Seeluft strömt fast sichtbar ins Zimmer
Würzig. Geruch nach Tang und Strand und Weite
Ein paar Krähen geben ihren Kommentar
Gestern wars sehr neblig
Dicker kanns in London auch nicht sein
Richtige EDGAR WALLACE-Kulissse
Immer wieder hörte man die Schiffe tuten
Vom nahen Hafen
Eine wundersame Stimmung. Hat mich seltsam berührt
Bin stundenlang spaziert. Ein Genuß

Jetzt im Winter ist die Insel wie ausgestorben
Fast nur Einheimische da. Kennen sich alle
Laufend grüßt jeder jeden
Man kommt sich fast aussätzig vor
Asylanten- oder Emigrantengefühl, wahrscheinlich
Trotzdem. Die wenigen Menschen, die leeren Straßen
das Bier im Kühlschrank, der einsame Strand
das Meer, die Luft, salzig, das andere Licht
und die schreienden Möwen
Wenn wir nicht hier wären um zu arbeiten
könnte das Leben sogar mal schön sein

Irgendwas mit Jugend

Tage wie angeschnittener Käse
zu lange gekochte Bohnen
oder dreimal aufgewärmte Koteletts
Mädchen die entscheiden
daß du ein Haufen Kacke bist
die andere wählen und dich spüren lassen
daß du die Konditionen nicht erfüllst
Mädchen die diese Macht
sehr früh schon spüren
und dich mit einem Lächeln
in die Hölle schicken
Nächte wie in flüssigem Stickstoff
Gefühle wie in einer Felswand
glitschig und scharfkantig
spüren wie man den Halt verliert
Der Tod verliert jeden Schrecken
das Leben wird zum Problem
jeder Tag ist wie eine Klausur
weitermachen und funktionieren
weitermachen und funktionieren
Mädchen mit langen Haaren
Mädchen mit kurzen Haaren
Mädchen die in deiner Seele wüten
wie ein Radiergummi
in einer Bleistiftskizze
Du hast weder Mut noch Kraft
dein Schwanz hat jede Hoffnung aufgegeben
Mädchen in kurzen Röcken und bunten Blusen
Mädchen mit einem Lächeln aus MEISSNER Porzellan

gesundgesundgesund
und unsterblich
keine Pickel keine Akne
und gesundes Zahnfleisch
Mädchen die deinen Selbstwert
auf Null schrauben
Deine Seele
eine vertrocknete Topfblume
auf einer Fensterbank aus Marmorimitat
Herumirren in endlosen Gedankenfluchten
Wieder mal der letzte
bei der Mannschaftswahl
Kein Stereosehen ergo
schlechter Balltreter
Die Eltern
seltsam unzugänglich
wie Bewohner einer anderen Dimension
alleinalleinallein
in einer Bergwelt
aus Sorgen und pupertärem Elend
Die Verzweiflung wird seltsam vertraut
und zur ständigen Heimstatt
Du siehst die Freunde
die keine sind und für die du nur
die Plakatwand ihrer Erfolge abgibst
in ihren verschissenen Cliquen und Gruppen
ihre banalen Rollen spielen
und mit Mädchen rummachen
für die du nicht existierst
Du bist ein Spinner
ein Sonderling

bekloppt oder sonstwas
eine Witzfigur
und du weißt
das wird sich nie ändern

Gedanken in Spanien, mit einer zirpenden
Grille vorm Fenster

Irgendwann
werde ich tot sein
Läßt sich nicht vermeiden
So wie Milliarden vor mir
tot sind
und Milliarden und mehr
nach mir tot sein werden
Nichts wird von mir bleiben

Irgendwann
wird nichts mehr an mich erinnern
Was ich gedacht habe
Was ich getan habe
Was ich gesehen habe
Wen ich geliebt und
wen ich gehaßt habe
Was ich wußte und
was nicht

Irgendwann
Meine vielen Ängste
Sorgen und Befürchtungen
Meine blöde Kindheit
meine verkorkste Jugend
und der Rest
Die Mädchen und Frauen
die ich begehrte und nicht bekam
Mein Gesicht , das ich rasierte

meinen Arsch, abgewischt
nach jedem Schiß
Meinen Schwanz, traurig
mit gefülltem Gummi vorne drauf
Meine picklige Haut
die nie braun werden wollte
Meine Haare, die schon
mit 15 anfingen zu ergrauen und
dann immer weniger wurden
Vergessen
als hätte es das alles nie gegeben

Verdammt warm hier im Zimmer
Bestimmt 30 bis 35 Grad
Ich liege nur mit Unterhose
auf dem Bett
Der Schweiß klebt an allem
was dereinst vergessen sein wird
Die Grille zirpt schon die dritte Nacht
vor meinem Fenster
Altes treues Viech
Wie alt werden die eigentlich?
Ich habe ein paar SAN MIGUEL EXPORT getrunken
(übrigens ein sehr gutes Bier)
und höre jetzt schwitzend der Grille zu
Stört sie nicht
daß auch sie noch schneller als ich
der allgemeinen und absoluten Vergessenheit
anheimfallen wird
Sie zirpt da rum

als wenn nichts wäre
Gutes altes Viech

Spanien ist ein schönes Land
Nichts für immer
aber so für Zeit schon gut
Sie zirpt und zirpt und
ist unermüdlich
Bald sind wir vergessen
wir beide
SAN MIGUEL ist wirklich ein gutes Bier

Tagtraum

Ich schlendere einen Feldweg entlang
Ein warmer, aber nicht heißer Sommertag
Rechts und links von mir steht goldgelbes Getreide
Ein leichter, warmer Wind geht und
die goldgelben Felder wiegen sich sanft
zu seinen Rhythmen
Ein Rascheln tönt aus den goldgelben Feldern
es klingt wie Flüstern, wie leiser Gesang
begleitet vom melodiösen Zirpen der Grillen
Der Duft getrockneten Grases liegt in der Luft
Kein Niesen, kein Augenbrennen trübt den Genuß
Die Pollen haben mich nicht im Griff
wie sonst
Es ist alles schön und gut
Der Weg ist nicht allzu breit
Er ist leicht staubig und hat fast die
goldgelbe Färbung der Felder
etwas mehr Ocker
Ich trage leichte Tuchschuhe
Mokassins oder so was ähnliches
verwaschene Jeans und T-shirt
Mein Haar ist lang und voll und fast schwarz
wie in meinen besten Zeiten
reicht mir bis zur Schulter und hinten
noch etwas den Rücken herab
Ich bin frei
ich fühle es
ich zeige es

Die Sonne scheint mir ins Gesicht und auf meine Arme
Freundlich, sie macht mir nicht zu schaffen
Keine Hitzepickel, keine Rötung der Unterarme
kein Jucken, kein Kratzen
Es ist alles schön und gut
Am rechten Wegrand taucht Wald auf
Riesige Föhren mit schuppiger Rinde
Hellbrauner Waldboden, sich verdunkelnd
im tieferen Gehölz
Würzige Waldluft, nach Tannen und Farn
der am Grabenrand zum Gehölz hin wächst
Abgestorbene Stämme, moosbefleckt
Vogelgezwitscher, Eichelhäher und anderes
Der Himmel ist wunderbar blau
ein paar Schönwetterwolken wie neckische
weiße Tupfer auf blauem Tuch
Ich schlendere diesen Feldweg entlang
und bin ganz Teil dieses Schönen und Guten
Ich bin der Weg
ich bin das Feld
ich bin der Wald
ich bin der Himmel
mit seiner Sonne
und den Schönwetterwolken wie neckische
weiße Tupfer auf blauem Tuch
In mir ist weder Angst noch Furcht
und ich kenne keine Differenz
kein Dazwischentreten
keine Trennung
Ich bin das Ganze und das Teil

Ich schlendere diesen Feldweg entlang
Ein warmer, aber nicht heißer Sommertag
Sanft verläuft der Weg in eine rechte Krümmung
Eine aus unbehauenen Ästen gefertigte Bank
taucht in meinem Gesichtsfeld auf
Die Bank ist uralt, Moos und Flechte lassen sie
wie aus einem Stück gewachsen erscheinen
Ein junges, schlankes Mädchen sitzt auf dieser Bank
Sie sieht mich. Sie lächelt und tritt auf mich zu
Sie trägt einen dünnen, über die Knie reichenden
weißen Rock mit roten Punkten
Auf dem Kopf einen breitkrempigen Strohhut
mit einem langen rosa Band drumrum
Sie hat schulterlanges Haar, goldgelb wie das Getreide
Es fällt auf eine dünne weiße Bluse
ohne rote Punkte
Sie legt beide Hände auf meine Schultern
hält den schönen Kopf etwas geneigt
„Ich mußte lange auf dich warten."
spricht sie lächelnd
„Ich bin so froh, daß du da bist."
Ihre Augen haben die Farbe des Himmels
Weiße Zähne und rosa Lippen
Ich umfasse die schmale Taille und küsse
vorsichtig diese rosa Lippen
Sie legt den Kopf an meine Schulter
und der Strohhut rutscht ihr in den Nacken
und ich streiche über die weichen Haare
goldgelb wie das Getreide
und spüre den warmen Körper
an meinen geschmiegt

Es ist alles schön und gut
So stehen wir auf diesem Feldweg
ein warmer, aber nicht heißer Sommertag
Der warme Wind umtanzt uns und
verspielt fährt er uns durch die Haare
und wirbelt sie durcheinander
so daß sie sich vermischen
Es gibt keine Angst
Es gibt keine Sorgen
Es gibt kein Heute
Es gibt kein Morgen
Kein Sterben, nur Leben
Es ist das Unmögliche

Ein warmer, aber nicht heißer Sommertag
Wir schlendern einen Feldweg entlang
Rechts und links von uns steht goldgelbes Getreide
Ein leichter, warmer Wind geht und
die goldgelben Felder wiegen sich sanft
zu seinen Rhythmen
Wir halten uns an den Händen
und gehen diesen Feldweg entlang
Wir wissen nicht, wohin
 Es ist
unmöglich

Falscher Film

Ich hasse diese Filme
Irgendwelche Typen begegnen sich
in irgendwelchen Kneipen
in denen schon so künstlich doof
der Rauch wabert
- bedeutungschwer und unheilverkündend -
und unscharfe Leute Billard spielen
und in denen nette Gören bedienen
die aussehen wie Models
Und so ein Typ kommt mit einem Mädchen
ins Gespräch und irgendwann fragt sie
„... Und was macht dein Liebesleben?"
und er lehnt seinen schwarzgelockten Kopf
an die rustikale Ziegelmauer
und läßt den Blick ins Unendliche
ins Leere oder ins Innere wandern
- ist sowieso alles dasselbe -
und dann sagt er
„Wir waren eine Zeitlang zusammen ..."
oder ähnlichen Scheiß, und sie hat schulterlange
blonde, glatte Haare und trägt eine Baskenmütze
so richtig keck und lächelt ihn an
und er hat irgendein Menschheitsproblem am Hacken
und man weiß, sie werden zusammenkommen
und man ahnt, daß sie seinen Arsch zeigen werden
mit den vielen Haaren drauf
Und vorher wird er noch mit irgendeinem
fiesen Tätowierten Streit bekommen
und vielleicht haut er ihm ein paar rein

natürlich nur, nachdem der Tätowierte angefangen hat
und der Fiesling wird Rache schwören
und so geht diese Scheiße weiter und weiter
und natürlich schwitzen immer alle
jedenfalls die Kerle
und haben so Gelegenheit, ihre tollen gebräunten
muskulösen durchgestylten Leiber zu zeigen
die dennoch bis weit über den Hals
mit nichts anderem als Scheiße aufgefüllt sind
und du kriegst nur das kalte Kotzen
und denkst dran, daß du noch nie so eine Blondie
mit Baskenmütze oder Modelkellnerin im Bett hattest
und morgen früh raus mußt, weil ein stupider Knochenjob
auf dich wartet und dich
ein paar Stunden mürbe kochen wird
und du überlegst dir gründlich, ob du nicht
im falschen Film bist

Aus und vorbei

Sie wollte eine Familie gründen
Heiraten, Kinder kriegen und
einen Mann, der morgens
ins Büro oder sonstwo hingeht
und abends zurückkommt
„Hallo, Schatz!" an der Tür ruft
sie flüchtig küßt, seinen Mantel
an die Garderobe (irgendwas Avantgardistisches)
hängt und Geld mit nach Hause bringt
Ich habe Verständnis
für solche Wünsche
und respektiere sie
aber das ist nichts für mich
Ich bin einfach nicht der Typ dafür
tut mir leid, aber es geht nicht
Bei so was gehe ich ein
da bin ich tot und lebe weiter
Ich konnte ihr das nicht klarmachen
So mußte ich gehen

Denia, Spanien

Alte Frauen auf Küchenstühlen
vor dem Haus auf dem Gehweg
Dunkelhaarige Jungs und schlanke Mädels
auf Mopeds und VESPAS
knattern selbstmörderisch
durch die Straßen
Die beiden (mein Bruder und seine Freundin)
gondeln mich durch die Gegend
ich auf dem Rücksitz
und ich bin nur froh
hier nicht fahren zu müssen
Kein Winkel ohne Sonne
trocken und staubig
Es wird schnell gesprochen
und laut, viel Gestikulation
Verstehe kein Wort
Erfreulich: die Gärten ohne diese blöden
Plastikpavillons und Blockhausimitate
Die Häuser alle weiß und verputzt
Alles ist gedeckt mit *Mönch* und *Nonne*
selbst Schornsteine und Elektrokästen
Überall wird gebaut
Ohne Kennerblick: keine Qualität
Wände dünn zum Durchpusten
Jede Menge Palmen und Gummibäume
Kakteen und Oleander
Alles was bei uns in Blumenpötten
mickrig vor sich hinkümmert
schießt hier in Höhe und Breite

geht aus sich raus und blüht auf
in nie gesehener Pracht
Ist hier zu Hause und fühlt sich auch so
man sieht´s an jeder Ecke
Das Mittelmeer
warm und blau und smaragdgrün
Strände mit Sand und weißem Kies
Vertrage die Sonne nicht besonders
Meine Haut kennt das nicht
und ist irritiert
Ziehe mich in den Schatten zurück
und trinke spanisches Bier
während die beiden
sich im Wasser vergnügen
Nicht viele Leute hier am Strand
die Hauptsaison kommt wohl noch
Schaue mir ein paar Frauen an
in knappen Bikinis
Alle wirken hier unheimlich cool und locker
Ich nicht
Naja macht nichts
Bin auch nicht so braun wie die anderen
mit ihren Sonnenbrillen
und manche tragen Käppis und
wieder andere schicke NEOPRENanzüge
und haben Surfbretter dabei
Ich sitze da im Schatten
schau mir das an und
trinke noch ein paar Pils
Mein Vater war in Spanien
1937 war das

Er kam mit General STEINHOFFS
LEGION CONDOR her und legte hier
in Führers Namen so einiges
in Schutt und Asche
Ich überlege ob er vielleicht
ein paar Spanierinnen gevögelt hat
Jetzt bin ich hier
Ich habe keinerlei Interesse daran
hier was in Schutt und Asche zu legen
Hier nicht und nicht sonstwo
Aber ein paar Spanierinnen zu vögeln
wäre ich keinesfalls abgeneigt

Seltsame Begegnung

Ich schloß mein Fahrrad auf
daß ich an einem dieser feuerverzinkten Stahlrohre
die überall in der Stadt ins Pflaster eingelassen sind
angeschlossen hatte
als die beiden vorbeikamen
Er graumeliert, mit eisgrauem Vollbart
sie kastanienrot gefärbte halblange Haare
Sie sah mich lächelnd an und ihre Augen sprühten
„Dann laß´ ich mich scheiden und auszahlen,
und dann hast du gar nichts mehr!"
Sagte das zu dem Typen neben sich
ohne jedoch den Blick von mir zu nehmen
Vorbei. Ich sah ihnen nach
Der Typ - offensichtlich ihr Mann - drehte sich
zu mir um und hatte ängstliches Erstaunen im Gesicht
Und dann redeten die beiden wieder, aber ich
verstand nichts mehr davon

Die Frau sah gut aus, sehr sogar
Ihr Kerl übrigens auch, aber das interessierte mich
verständlicherweise weniger
Sie war sehr geschmackvoll gekleidet
und dezent geschminkt
Sah nach Geld aus. Wahrscheinlich nach seinem
Sie hätte mir gefallen. Sehr sogar

Vielleicht sehen wir uns ja wieder
Nach der Scheidung

Ende von allem

Ich lese den SPIEGEL
und es kotzt mich an
Ich lese den STERN
und es kotzt mich an
Ich lese die BUNTE
und es kotzt mich nicht an
weil ich nichts anderes erwartet habe
Fernsehen Kino Zeitung
die Leute auf den Straßen
in den U-Bahnen
in den Geschäften
vor und hinter Tresen
in Kneipen Schulen und Scheißhäusern
dynamische Arschgesichter
Vergreiste und Vorgealterte
Jugendliche und Junggebliebene
alle kotzen mich an
Das Brot in den Auslagen der Bäckereien
selbstzufrieden wie sonst was
Schaufensterpuppen in unerreichbarer Coolness
die ich bewundere
Hundescheiße auf dem Gehweg
das allgegenwärtige Wetter
schlecht oder gut oder egal oder alles zusammen
alles widert mich an
bringt mich um mein letztes bißchen Ruhe
und läßt mich verzweifelt zurück
Und ich wünsche mir ein Ende von allem

Ein gigantisches Erdbeben
(kommt in unseren Breiten nicht vor)
Ein Vulkanausbruch
(ebenfalls nicht)
Ein Meteoriteneinschlag
der Mutter Erde
zur letzten Zellteilung zwingt
und uns alle gemeinsam
zur Hölle fahren läßt
einschließlich der ZEUGEN JEHOVAS
und TERESA ORLOWSKI
Wie lange soll das noch so weitergehen?
Warum gibt es keine Weltkriege mehr?
Warum schlägt die Natur nicht platt
wie eine lästige Schmeißfliege auf dem Handrücken
was sie selbst geschaffen hat?
Warum praktizieren wir nur den kollektiven Wahnsinn
und nicht den kollektiven Exitus?
Man könnte es im Radio oder Fernsehen bekanntgeben
stündlich oder dreimal am Tag
„Der kollektive Exitus
ist für morgen Vormittag, 11.30 Uhr, angesetzt."
(damit man ausschlafen kann)
Und alle machen mit
Und sind vergnügt
Und jeder hätte seinen Spaß

Männer

Die richtigen, mit den großen Händen
tiefen Stimmen und das Übliche
Männer mit dicken Hälsen und harten Sätzen
kurz und knapp, wie rausgebellt
Kerle in Drillichzeug und Schirmmützen
Männer, die größer sind
Männer, die Bier trinken und Schnäpse
Solche, die wissen, was Arbeit ist
und stärker sind
Männer, die wichtig sind, wichtiger als du
Die was zu sagen haben
Männer, die bei Frauen ankommen
Besser als du
Für die das selbstverständlich ist
Typen, die Frauen sammeln wie andere
Briefmarken oder Kronkorken
Männer, die zupacken können
Die handeln und nicht fragen
Männer ohne Gedanken
Die sind und nichts anderes
Kerle, die auf dem Boden stehen und sich stellen
Allem und Jedem
Die wissen, wo oben und unten ist
Typen für den Krieg, und manchmal für den Frieden
Männer mit großen Hunden und Geld
Männer in Autos zum Preis von Einfamilienhäuser
Kerle, für die das Leben Sport ist
Kein Zögern, kein Zaudern, alle Bedenken eliminiert
Risiko bewußt in Kauf genommen

Immer Sieger
Immer alles besser wissen
Immer alles
Einfach Männer

Verpaßte Chance

Windstill
Kein Laut zu hören
Es ist Vollmond
Und er gießt sein kaltes Licht
so wundervoll in den Garten hinab
auf die Blätter der Bäume
auf die Pflanzen
in den Beeten und irdenen Schalen
auf den Rasen
auf die schmiedeeiserne Bank
und den moosigen Pfaden
daß man sterben möchte
in so einer Nacht
wie dieser

Man hat das Gefühl
eine Chance nicht wahrzunehmen
wenn man sich jetzt nur
banal ins Bett legt
allein
wie jeden Abend
und den Tod
weiterziehen läßt
als wäre man
glücklich

Morgenstund

Ich mach mich auf
Brötchen holen
Zu den Türken an der Ecke
Knapp fünf Minuten mit dem Rad
Haben immer auf
Zu jeder Tages- und Nachtzeit
Unglaublich fleißige Leute
Immer nett, immer ein freundliches Wort
Ich komm rein. Wir grüßen uns
Ein schlaksiger Junge geht mit nach hinten
um mich zu bedienen
Packt sechs Brötchen ein, reicht mir die Tüte
Der Typ an der Kasse ruft ihm was Türkisches zu
(Ich nehme an, es ist was Türkisches)
Er nimmt eine weitere Tüte und packt zwei Brötchen rein
Wir gehen wieder nach vorne
Er reicht die Tüte mit den zwei Brötchen
einer ziemlich häßlichen älteren Frau
mit einem roten Kopf und spröden wirren Haaren
Sie nimmt noch eine BILD und bezahlt
Der Junge ist groß und schlank
Jeans, blaues T-shirt, Turnschuhe
Er hat längeres schwarzes Haar
naß oder geldurchtränkt; zurückgekämmt
Ich habe strohiges schütteres braunes Haar
mit einer Menge Grau drin
Bin unrasiert, mit roten Augen
Wahrscheinlich stink ich aus dem Mund
Er sieht gut aus, sieht wirklich gut aus

Ich bezahle 3,54 DM, abgepaßt, für sechs Normale
und wünsche einen guten Tag
Als ich das Fahrradschloß aufschließen will
stelle ich fest, daß ich den Schlüsselbund
in der Kellertür stecken gelassen habe

Noch mal Glück gehabt ... !?

Die Flut kam
Die Wellen rollten zum Strand
und trollten sich wieder
Aber jedesmal kamen sie ein Stückchen weiter rauf
Sie kamen rauf, ließen ein wenig Gischt liegen
und trollten sich wieder
Ich setzte mich auf die niedrige Mauer
die Sand von Asphalt trennt
und nahm ein Bier aus meiner Tasche
und sah aufs Meer raus
Ich dachte an nichts
Die Sonne, die sich gleich in die See stürzen würde
sah mich an und dachte
„He, was für ein mickriges Arschloch!"
Ich trank mein Bier und dachte an nichts
Eine junge Frau mit einem kleinen Schlingel
kam unten am Strand entlang
Die Frau hatte die Hände in die Taschen
ihrer Regenjacke vergraben
Der Bengel war vollauf mit so einem großen
Lenkdrachen beschäftigt, der im scharfen Wind
irrwitzige Haken schlug und dabei knatterte
wie ein liebeskrankes Moped
Ich trank mein Bier und sah den beiden zu
Kurz bevor sie auf meiner Höhe waren
sagte die Frau was zu dem Bengel
das ich aber wegen des starken Windes
und dem Geknatter dieses fliegenden Monsters
nicht verstand

nahm eine Hand aus ihrer Regenjacke
und machte eine schiebende Bewegung
in meine Richtung
Der Bengel sagte nichts, aber beide bewegten
sich jetzt auf den Asphaltstrand zu
Ich trank mein Bier und dachte auch weiterhin an nichts
Sie waren ungefähr noch 15, 20 Meter von mir entfernt
Ich sah, daß der Bengel ordentlich Streß hatte
mit seinem fliegenden Freund
Hätte mich nicht gewundert, wenn das Ding
einfach mit ihm auf und davon wäre
Ich holte ein weiteres Bier aus meiner Tasche
und war weiterhin mit Nichtdenken beschäftigt
Sie kamen noch ein wenig näher
Plötzlich schmierte ihm das Ding ab
Das Knattern ging über in ein langgezogenes Pfeifen
wie man es von den *Stukas*
aus alten Wochenschauen kennt
Ich blickte auf und sah das Ding auf mich zukommen
Ich rührte mich nicht und dachte an nichts
Ungefähr einen halben Meter schräg hinter mir
krachte das Ding auf den asphaltierten Strand
Der deltaförmige verchromte Stahlrahmen
brach auseinander, nachdem er dem Asphalt
einen kleinen Krater verpaßt hatte
Kleine Stücke klickerten irgendwo nieder
bunte Kunststoffetzen flatterten aufgeregt an den Resten
Frau und Schlingel waren synchron zur Salzsäule erstarrt
Sie standen da wie im Film, den man abrupt
angehalten hatte

Ich saß da und dachte immer noch an nichts
So wie sie synchron erstarrt waren
kehrte das Leben in sie zurück
Der Bengel rannte zu den traurigen Resten seines Drachens
der wie vom guten *Siegfried* erschlagen hinter mir lag
und nur noch in Agonie lahmarschig
mit einem Flügel schlug
Die Frau kam zu mir, kreidebleich
mit aufgerissenen Augen
„Is ... is Ihnen was passiert?"
Ich sah sie an. Selbst jetzt dachte ich an nichts
Ich schüttelte den Kopf. „Alles okay, alles bestens"
Ich drehte mich nach hinten. „Aber der Drache ist wohl-"
Sie unterbrach mich
„Der DrachederDrache!" sagte sie unwillig
„Hauptsache Ihnen ist nichts ..." Sie faßte sich an den Kopf
„O Gott, nicht auszudenken!"
„Mammimammi, mein Drache-"
Der Bengel stand hinter mir, mit ausgebreiteten Armen
in jeder Hand Reste des einstmals
so stolzen Himmelsstürmers
„Sei bloß ruhig und mach mich nicht wahnsinnig!"
sagte sie gereizt, kraxelte über die niedrige Mauer
faßte ihn an seiner Jacke und zog ihn
weiter auf ihn einredend, mit sich fort
Die Sonne badete sich bereits die Füße und dachte
„Noch mal davongekommen, dieses mickrige Arschloch ..."
Ich trank mein Bier aus und dachte
an die überflüssige Frage der Frau
Sie hatte gesehen, daß mir nichts passiert war
aber man fragt wohl immer in solchen Situationen

lieber noch mal nach
Hätte das Ding einen halben Meter vorgezogen
wäre ich erledigt gewesen
Mein bißchen Hirn wäre jetzt
von einem Stahlrohrrahmen getropft
aufgespießt wie ein Spanferkel
zum fröhlichen Gartenfest
Ich stand auf, verstaute die leeren Flaschen in meine Tasche
warf der Sonne noch einen verächtlichen Blick zu
und machte mich auf den Heimweg
und dachte daran, daß die Zukunft zeigen würde
ob ich nun Glück oder Pech gehabt hatte

Alte Freunde

Günther hatte mir noch ein Bier gebracht
Ein Frischgezapftes. BECK´S vom Faß
Aber das war mir eigentlich egal
Ich saß da mit meinem alten Kumpel Ingo
Auch er hatte ein Frischgezapftes vor sich stehen
Es war ihm wichtig, daß es ein Frischgezapftes war
Es war ihm wichtig, daß es ein frischgezapftes BECK´S war
Wir saßen da und tranken unser Bier
Wir stammten beide aus diesem kleinen Kaff
an der Nordseeküste
Unsere Träume waren hier geboren
Und außerhalb jämmerlich verreckt
Wir begruben sie hier regelmäßig
aufs Neue
Wir saßen da, tranken Bier und sagten wenig
Wir brauchten uns gegenseitig nichts vorzumachen
Wir hatten im Leben des Anderen mitgelebt
Und kannten alle versteckten Winkel und Nischen
in der windschiefen Bruchbude seiner Existenz
So blieb wenig zu sagen
Wir wärmten ein paar alte Geschichten auf
die auch nach tausend Jahren nicht an Glanz verloren
Wie gute alte Filme
die man immer wieder anschauen kann
Gute Bücher
in denen man immer wieder Neues entdeckt
Ein paar Neuigkeiten
Vom Job, vom Geld, von den Frauen
So ungefähr in dieser Reihenfolge

Vom Job, den man machte
Vom Geld, daß einem fehlte
Von den Frauen, für die man nicht existierte
Oder mit denen man Ärger hatte
An den Wänden hingen Bilder
- Öl, Aquarell, Kreide -
Meist Landschaften. Umgegend
Mit ganz kleinen Schildchen dran
Da stand drauf, was die Dinger kosten sollten
Die Bilder waren nicht schlecht
Es waren sogar sehr gute darunter
Man sah sie sich an
wenn der andere aufs Lokus ging
Nach den Bildern sah man sich die Frauen an
Oder umgekehrt. Kam auf die Frauen an
Die Frauen waren nicht schlecht
Es waren sogar sehr gute darunter
Sie trugen keine kleinen Schildchen
obwohl sie bestimmt ihren Preis hatten

Stammgast war hier ein Typ, mit dem ich
ein paar Jahre zur Schule gegangen war
Er hieß Peter
Die Gärten unserer Elternhäuser
hatten aneinandergegrenzt
Wir hatten als Kinder zusammen gespielt
Wir waren nicht die besten Freunde gewesen
Aber immerhin
Wir grüßten uns nicht, obwohl wir uns erkannten
Jedes Mal erkannten wir uns

Und grüßten uns nicht. Sprachen
kein Wort miteinander
Ich weiß nicht warum
Wir hatten keinen Streit gehabt
Es war nie was zwischen uns gewesen
Dennoch. Wir erkannten uns. Und grüßten uns nicht
Das war immer so. Ich weiß nicht warum
Peinlich. Wir vermieden es, uns anzusehen. Peinlich
Es war uns peinlich. Aber was es war, wußten wir nicht
Er saß an der Theke
Und blieb da den ganzen Abend
Immer

Günther hatte ein weiteres Bier gebracht
Frischgezapftes BECK´S vom Faß
Aber das war mir eigentlich immer noch egal
Ich saß da mit meinem alten Kumpel Ingo
Auch er ein weiteres Frischgezapftes vor sich
Es war ihm wichtig, daß es ein Frischgezapftes war
Es war ihm wichtig, daß es ein frischgezapftes BECK´S war
Immer noch
Wir saßen da und tranken unser Bier
Es gab nicht viel zu sagen
Günthers Frau würde nachher kommen und kassieren
Wir würden ihr ein gutes Trinkgeld geben
Aber bis dahin wars noch lang
Einige Frischgezapfte
würden noch dran glauben müssen

Amateurhypnotiseur

Sie kam an
mit ihren knallenden Stöckelschuhen
Und es knallte wie Schüsse aus einem Repetiergewehr
Und die Kugeln durchschlugen meine Seele
und sie fiel in sich zusammen
Und man bemerkte es kaum
da sie ohnehin nie viel hergemacht hatte

Sie rief meinen Namen
Hart und unnachgiebig
Mit Titel
Und ich folgte ihr zum Richtplatz
Sie trug einen knöchellangen
blutroten Lederrock (war bestimmt kein Imitat)
der wie eine Schlachterschürze an ihr runterhing
Dazu einen schwarzen engen Rollkragenpullover
in dem ihre Brüste aussahen wie die Brüste
von Frauen in EDGAR WALLACE-Filmen
Ich vermutete darin zwei MG-Nester
und erwartete, von Salven durchsiebt zu werden
Die Haare waren schmerzhaft streng nach hinten gebunden
nein, nicht gebunden, sondern
mit einer glitzernden Metallschiene *geklemmt*
Sie hätte in jedem Dominastudio sofort
die Spitzenposition besetzt

Sie hatte blutrote lange Krallen
an knochigen Lederhautfingern
und wenn sie mit mir redete

kamen blutige, zerbissene, scharfkantige
und zerquälte Worte
zwischen ihrem Raubtiergebiss hervor
Und ich redete und redete, mehr als
in den vergangenen drei Monaten zusammen
wie ein Schlangenbeschwörer seine Flöte bläst
um sie zu besänftigen
Wie ein Amateurhypnotiseur, der
um sein Leben hypnotisiert
und nach knapp 25 Minuten
die mir vorkamen wie dreieinhalb Jahrhunderte
bewilligte sie (vorläufig)
mein Arbeitslosengeld
für weitere drei Monate
obwohl ich mich bei keiner
dieser schwachsinnigen Fortbildungsmaßnahmen
blicken lassen hatte

Dank

- für Rüdiger Lilge

So manches Mal
zusammengesessen
So manches Mal
zusammen Pils getrunken
So manche Pizza
(*Artischocken, mit extra Schinken*)
zusammen aus dem Karton gegessen
So manches
kontroverse Gespräch gehabt
So manches Mal
verschiedener Meinung gewesen
und hin und wieder
den Anderen
nicht verstanden
Doch immer und bei allem
die Freundschaft gespürt
Danke